Saluti

Writing practice for Italian

Derek Aust and Carole Shepherd

Hodder & Stoughton
A MEMBER OF THE HODDER HEADLINE GROUP

The authors and publishers would like to thank the following for permission to reproduce photographs: p. 32 © Life File; p. 71 (2 photos) Photodisc; p. 103 J. Allan Cash Ltd. All remaining photos were supplied by Derek Aust and Carole Shepherd.

The authors and publishers have made every effort to trace copyright holders. In the few cases where copyright holders could not be traced or acknowledged, due acknowledgement will be made in future reprintings if copyright holders make themselves known to the publishers.

Orders: please contact Bookpoint Ltd, 130 Milton Park, Abingdon, Oxon OX14 4SB. Telephone: (44) 01235 827720, Fax: (44) 01235 400454. Lines are open from 9.00 - 6.00, Monday to Saturday, with a 24 hour message answering service. Email address: orders@bookpoint.co.uk

British Library Cataloguing in Publication Data
A catalogue record for this title is available from The British Library

ISBN 0 340 77162 3

First published 2000
Impression number   10 9 8 7 6 5 4 3
Year   2005 2004 2003 2002

Copyright © 2000 Derek Aust and Carole Shepherd

Cover illustration by Johanna Fernihough.
Illustrations by Gillian Martin.

Typeset by Wearset, Boldon, Tyne and Wear

Printed in Great Britain for Hodder & Stoughton Educational, a division of Hodder Headline Plc, 338 Euston Road, London NW1 3BH by J.W Arrowsmiths, Bristol.

Contents

Preface

Saluti aims to provide materials which will help students of Italian to develop their writing skills. The eight units are linked thematically to National Curriculum GCSE and Standard Grade topic areas, but are also suited to many other schemes of work, including aspects of GNVQ, FLIC and FLAW examinations. We feel the growing number of adults who learn Italian each year would also find this book useful.

Saluti should not just be seen as an exam preparation book nor exclusively as a text for Key Stage 4. We have tried to use language which is authentic and contemporary and, above all, useful as a means of understanding written Italian and making oneself understood in writing. In addition we have introduced the student to some colourful and entertaining aspects of Italian culture – ranging from environmental problems to Carnevale.

Each of the eight units stands alone and can therefore be used at the appropriate time to supplement other activities from traditional textbooks. They present the students with model messages and letters and a wide range of reading and writing activities to focus on and practise systematically the key language and structures. The Tocca a te! activities encourage the students to use what has been learnt in a creative and individual way. Although Saluti is primarily aimed at practising Writing, it also develops other language skills, notably Reading, and some of the expressions taught will also be invaluable

for Speaking activities. Units 7 and 8 contain cultural material and activities which are more suitable for lower Intermediate level or Higher level GCSE students.

Activities have not been labelled as being suited to a particular ability level. We believe that the teacher is the person best placed to decide which tasks should be attempted by which students. Some of the activities merely require single word answers, others leave scope for the student to use his/her imagination and to expand on a basic outline.

We would like to thank the Modern Languages staff at Hodder & Stoughton Educational for their patience at all stages of this project, in particular Sue Tyson-Ward who was instrumental in getting the project underway and Alexia Chan, who was responsible for the final stages. Particular thanks are due to Lucina Stuart for proof-reading the final manuscript and to Novello Zoffoli for his comments and prompt responses to numerous queries.

Last, but not least, we would like to thank our respective spouses Vasilija and Adrian for their encouragement and support during the writing and proof-reading stages, and – most important of all – YOU, the reader for buying this book!

Tanti cari SALUTI,

Derek Aust   Carole Shepherd
2000

Introduzione

This book has been written to help you write messages, postcards, letters and e-mails in Italian. In each unit you should read the sample material very carefully, as this will help you with the activities. A certain amount of vocabulary and useful expressions have been given to help you, but you can, of course, refer to your dictionary at any time, remembering to check carefully that you have found the right word for the context!

Here are some general principles you need to know when writing letters in Italian.

Envelopes

Signora Giovanna Sartorio
Via Dante Alighieri 12
00100 ROMA

Note that the house number comes after the street name and the post code comes before the name of the town. The post code should always be included.

You may also find stick-on labels on envelopes such as:

(**Via aerea**) *by air*
(**Posta prioritaria**) *express/special delivery*
(**Raccomandata**) *registered (within Italy)*
(**Raccomandata estero**) *registered (within Europe)*
(**Postacelere**) *First class letter service (guaranteed next day delivery within Italy)*

If you are writing to someone staying with an Italian family you should address the envelope as shown below:

<table>
<tr><td>

Miss Jane Atkinson
presso Dott.ssa A. Bianchi
Via Milano 45
10121 TORINO
Italy

</td><td>*or*</td><td>

Miss Jane Atkinson
c/o Dott.ssa A. Bianchi
Via Milano 45
10121 TORINO
Italy

</td></tr>
</table>

(Many Italians tend to use **c/o** instead of **presso**.)

Even if they are writing on headed paper the majority of Italians write their name and address on the back of the envelope. This is so that the letter can be returned to them if for some reason it does not reach the person they are writing to. Some put their surname first and their Christian name afterwards, others do it in the reverse order. You may also see **'mittente'** or **'mitt'** (sender), written in front of the name:

mitt. Annamaria Manzi,
Corso Cavour 113
47100 Forlì

Informal letters

Italians do not usually write their full address at the top of the page, only the name of the village, town or city where they live. There are different ways of writing the date, which should come after the town, e.g.:

Roma, 18 ottobre 2000

Venezia, 18/10/2000

Firenze, 18-10-2000

Bologna, 18.10.2000

The layout

---

① Forlì, 19 ottobre

② Cara Annamaria,
ti ringrazio della tua lettera che è arrivata ieri . . .

---

① The town and date are in the top right hand corner. (Remember the name and address is usually on the back of the envelope.)

② The first line of the letter can start just under the name. However in practice nowadays, many Italians word process their letters and frequently start the paragraphs at the left hand margin.

The greeting

This is the word used to start the letter. It is followed by the name and a comma:

Cara Antonia,	*Dear Antonia,*
Caro Filippo,	*Dear Filippo,*
Ciao Giorgio,	*Dear Giorgio,*
Carissimo Stefano,	*Dear Stefano,*
Carissima Lucia,	*Dear Lucia,*

Throughout the letter you need to remember to use the 'tu' form and the relevant pronouns/possessive adjectives like **ti, te, il tuo, i tuoi, la tua, le tue** e.g.:

Ti chiedo . . .	*I am asking you . . .*
Ho ricevuto la tua lettera . . .	*I received your letter . . .*
Rispondimi subito . . .	*Reply straight away . . .*
Mi puoi dare un colpo di telefono . . .	*Can you give me a call . . .*

Saying thank you

Grazie per la tua lettera che è arrivata . . .	*Thank you for your letter which arrived . . .*
Ti ringrazio della tua simpatica lettera . . .	*Thank you for your nice letter . . .*

Expressing pleasure

Mi ha fatto molto piacere che . . .	*I was very pleased that . . .*
Sono molto contento/a che . . .	*I am very happy that . . .*

Apologising

Mi dispiace di non averti potuto rispondere
  prima . . .

*I am sorry that I have not been able to reply
  before . . .*

Ho avuto molto da fare in questi ultimi
  giorni . . .

*I have had a lot of work in the last few
  days . . .*

Expressing hope

Spero che le vacanze siano andate bene

I hope that your holidays went well

Enclosures

Ti mando una foto di . . .

I am sending you a photo of . . .

Requests

Mi puoi mandare . . ./Mi potresti mandare . . .

Can you send me . . ./Could you send me . . .

Mi puoi dare . . ./Mi potresti dare . . .

Can you give me . . ./Could you give me . . .

Mi sai dire . . ./Mi sapresti dire . . .

Can you tell me . . ./Could you tell me . . .

The final greeting

There are many possibilities when it comes to signing off.

Tanti saluti	*Best wishes/Regards*
Tanti cari saluti	*Best wishes/Regards*
Cari saluti	*Best wishes/Regards*
Un bacione	*A big kiss*
Baci	*Kisses*
Un caro abbraccio	*A hug*
A presto	*See you soon*
Arrivederci a presto	*Bye for now*
Con affetto	*Affectionately yours*
Ciao	*Bye*

Formal letters

You may need to write a more formal kind of letter to someone you do not know very well or do not know at all. The style and layout are somewhat different from those of the informal letters. Your letter has a job to do – to ask for or to give information or to ask for a service. You should state clearly and concisely what you require, but if you are preparing for an examination, do not forget that Examiners like you to qualify your statements or questions!

The address and date

If the letter is not written on headed notepaper, the address of the sender is usually written after the signature. In the top right hand corner write the town and the date. In the top left hand corner write the full name and address of the person to whom the letter is being written. Abbreviations may be used (see page xii). Do not forget the postcode, e.g.:

Torino, 7 novembre 2000

Egr. Sig. A. Bianchi
Piazza Kennedy 149
64100 TERAMO
Italia

The greeting

When writing to a person who is not a friend or relative, the letter should start as in the following examples:

Egregio Signore,/Egregio Signor Bianchi,
Gentile Signora,/Gentile Signora Mazzini,
Egregio avvocato
Gentilissima professoressa,

Dear Sir,/Dear Mr. Bianchi,
Dear Madam,/ Dear Mrs. Mazzini,
Dear Sir, (to a lawyer)
Dear Madam, (to a teacher)

and the **Lei** form should be used, including the relevant pronouns and possessive adjectives (like **Le, La, il Suo, i Suoi, la Sua, le Sue**). It is important to address the person by their correct title, but it is not necessary to use their surname. New paragraphs should not be indented.

When writing to a firm or association, the letter should start as in the following example:

Spettabile Direzione,

and the pronoun **Voi** should be used, including the relevant pronouns and possessive adjectives (like **Vi, il Vostro, i Vostri, la Vostra, le Vostre**).

N.B. In '*Saluti*' capitals have been used for the various forms of the pronouns **Lei** and

Voi, e.g.: La prego; la Sua lettera; una Vostra lettera. However, nowadays usage varies, and in practice some firms use small letters for these pronouns. Examiners will accept either usage, provided it is consistent, **e.g.: la prego; la sua lettera; una vostra lettera**.

La ringrazio molto per la Sua lettera . . .	*Thank you for your letter . . .*
Le telefonerò quando . . .	*I will telephone you when . . .*
Mi dica quando . . .	*Could you tell me when . . .*

The final greeting

At the end of a formal letter the most common closing expression is:

Distinti saluti   *Yours sincerely,*
but this expression has a number of variations, e.g.:

Distintamente	*Yours sincerely,*
Molto distintamente	*Yours most sincerely,*
La saluto distintamente	*Yours sincerely,*
Le invio distinti saluti	*Yours sincerely,*
Con i miei più distinti saluti	*Yours sincerely,*
Con i (miei) migliori saluti	*Yours sincerely,*
La prego di gradire i (miei) migliori saluti	*Yours sincerely,*
Cordiali saluti	*Regards,*
Le porgo i più cordiali saluti	*Regards,*
Le invio i miei saluti più affettuosi e più sinceri	*Best Regards,*

If a reply is required the following expressions may be preferred:

In attesa della Sua lettera porgo cari saluti a Lei e la Sua famiglia	*I look forward to your reply and send you and your family best regards.*
In attesa di una Sua risposta Le porgo i più distinti saluti	*I look forward to your reply, yours sincerely,*
Rimanendo in attesa di una Sua cortese risposta, porgo distinti saluti	*I look forward to your reply, yours sincerely,*

Abbreviations

You may come across some of the following abbreviations in letters from Italy:

gen. gennaio	*January*	lun., l. lunedì	*Monday*
feb. febbraio	*February*	mar., mart. martedì	*Tuesday*
mar. marzo	*March*	mer., merc. mercoledì	*Wednesday*
apr. aprile	*April*	gio., giov. giovedì	*Thursday*
mag. maggio	*May*	ven., v. venerdì	*Friday*
giu. giugno	*June*	sab., s. sabato	*Saturday*
lu., lug. luglio	*July*	dom. domenica	*Sunday*
ago. agosto	*August*		
sett. settembre	*September*		
ott. ottobre	*October*		
nov. novembre	*November*		
dic. dicembre	*December*		

Egr. Sig. –	Egregio Signor –	*Dear Mr. –*
Egr. Dott., Dr. –	Egregio Dottor –	*Dear Doctor –*
Egr. Prof –	Egregio Professor –	*Dear Professor – (Teacher)*
Egr. Ing. –	Egregio Ingegner –	*Dear Engineer –*
Gent. Sig.ra –	Gentile Signora –	*Dear Mrs. –*
Gent. Prof.ssa –	Gentile Professoressa –	*Dear Professor – (Teacher)*
Gent.ma Sig.na –	Gentilissima Signorina –	*Dear Miss –*

all.	allegato	*Enclosed*
c.	circa	*approximately*
c.m., m.c.	corrente mese	*inst., the present month*
Lit.	Lire italiane	*Italian lire*
L.st.	Lira sterlina	*Pound sterling*
mitt.	mittente	*Sender*
NB.	Nota bene	*N.B.*
ns.	nostro, nostra	*our, ours*
pag., p.	pagina	*page*
p.es, p.e.	per esempio	*e.g., for example*
P.T.	Poste e Telegrafi	*Post and Telegraph Service*
R., racc.	Raccomandata	*Registered Post*
Spett.	Spettabile	*Honourable*
u.s.	ultimo scorso	*ult., last month*
v.	vedi	*q.v., which see*
Vs.	Vostro, Vostra	*your, yours*

Elenco di istruzioni usate nel libro

Abbina (ogni frase) a/con . . .	Match up (every sentence) to . . .
Aggiungi alla tua lettera . . .	Add to/enclose with your letter . . .
A chi si riferiscono le affermazioni seguenti?	Who do the following statements refer to?
Al posto di . . .	In place/instead of . . .
Attenzione! È possibile usare la stessa parola più di una volta.	Be careful! It is possible to use the same word more than once.
Attenzione! Ci sono più parole che spazi.	Be careful! There are more words than spaces.
Collega . . .	Link/join . . .
Come nell'esempio.	As in the example.
Completa il seguente brano (con una parola adatta).	Complete the following passage (with a suitable word).
Completa ogni frase/la tabella . . .	Complete every sentence/the table . . .
Con l'aiuto di questi simboli . . .	With the help of these symbols . . .
Copia nel tuo quaderno . . .	Copy into your exercise book . . .
Correggi . . .	Correct . . .
Crea un poster, un volantino o un foglio informativo.	Create a poster, a leaflet or an information sheet.
Descrivi (brevemente) . . .	Describe (briefly) . . .
Guarda . . .	Look at . . .
Identifica . . .	Identify . . .
Immagina di scrivere una lettera da parte di . . .	Imagine you are writing a letter on behalf of . . .
Indica se le seguenti frasi sono vere o false. Correggi quelle false.	Indicate whether the following statements are true or false. Correct the false ones.
Indica con una crocetta . . .	Indicate with a cross . . .
Intervista . . .	Interview . . .
Leggi attentamente (il brano) . . .	Read (the passage) carefully . . .
Leggi . . . qui sotto	Read . . . below
Leggi (di nuovo) queste descrizioni/queste ricette . . .	Read (again) these descriptions/these recipes . . .
Metti . . . nell'ordine giusto	Put . . . in the correct order
Nella lettera bisogna . . .	In the letter you have to . . .

Non dimenticare di . . .	*Don't forget to . . .*
Ora/adesso scegli una parola o espressione adatta dall'elenco qui sopra/sotto.	*Now choose a suitable word or expression from the list above/below.*
Prima di rispondere . . .	*Before answering . . .*
Prova a . . .	*Try to . . .*
Puoi trovare queste parole/una parola nascosta?	*Can you find these words/a hidden word?*
Racconta (l'episodio) . . .	*Relate (the event) . . .*
Ricevi la seguente lettera dal/dalla tuo/a corrispondente.	*You receive the following letter from your penfriend.*
Ricordati che . . .	*Remember that . . .*
Rileggi . . .	*Re-read . . .*
Rispondi alle domande (seguenti).	*Answer the (following) questions.*
Rispondi ad ogni domanda scegliendo . . .	*Answer every question by choosing . . .*
Rispondi a questa lettera.	*Answer this letter.*
Scrivi un annuncio/una breve risposta/un messaggio/una lista.	*Write an advertisement/a brief reply/a message/a list.*
Scrivi un elenco dei lati positivi e negativi.	*Write a list of the positive and negative aspects.*
Scrivi le tue risposte alle domande.	*Write your answers to the questions.*
Sottolinea (gli intrusi).	*Underline (the odd ones out).*
Spiega . . .	*Explain . . .*
Trova l'equivalente . . .	*Find the equivalent . . .*
Usa i dettagli per rispondere . . .	*Use the details to reply . . .*
Usa il dizionario se necessario . . .	*Use the dictionary if necessary . . .*
Utilizza i disegni qui sotto.	*Use the drawings below.*
Vedi pagina 00	*See page 00*

Unità 1

La famiglia, gli amici ed io

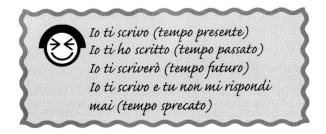

Io ti scrivo (tempo presente)
Io ti ho scritto (tempo passato)
Io ti scriverò (tempo futuro)
Io ti scrivo e tu non mi rispondi
mai (tempo sprecato)

Identificazione personale

1 Leggi la carta d'identità qui sotto.

CARTA D'IDENTITÀ

Cognome .... Ruscello

Nome .... Luigi

Indirizzo .... Via dei Laghi, 35

Data di nascita .... 1° aprile 1978

Luogo di nascita .... Fiume

Nazionalità .... italiano

Firma .... *Ruscello Luigi*

CARTA D'IDENTITÀ

Cognome ....

Nome ....

Indirizzo ....

Data di nascita ....

Luogo di nascita ....

Nazionalità ....

Firma ....

FOTO

☞ Tocca a te!

2 Adesso copia la seconda carta d'identità nel tuo quaderno e completala con le tue generalità.

3 Intervista due compagni di classe e completa una carta d'identità per ognuno di loro.

Parole ed espressioni utili

Qual è il tuo cognome? *What's your surname?*	Il mio cognome è . . . *My surname is . . .*
Come si scrive? *How is it written/How do you write it?*	Si scrive . . . *It is written . . .*
Qual è il tuo nome? *What is your Christian name?*	Il mio nome è . . . *My Christian name is . . .*
Qual è il tuo indirizzo? *What is your address?*	Il mio indirizzo è . . . *My address is . . .*
Quando sei nato/a? *When were you born?*	Sono nato/a . . . *I was born . . .*
Dove sei nato/a? *Where were you born?*	Sono nato/a a Milano. *I was born in Milan.*
Di che nazionalità sei? *What nationality are you?*	Sono inglese. *I am English.*
(Per i mesi dell'anno e le date **vedi pagina 76**)	

4 Leggi queste descrizioni e poi completa la tabella.

> **Antonella**
> Io mi chiamo Antonella e abito a Torino con i miei genitori.
> Sono infermiera e lavoro in un ospedale a tre chilometri da
> casa mia. Ho 25 anni ed il mio compleanno è a febbraio.
> Sono alta 1 metro e 65 e peso circa 53 chili. Non sono
> sposata e ho i capelli biondi, gli occhi neri e porto le lenti a
> contatto. Mi piacciono molto gli animali e ho tre gatti, due
> cani ed un cavallo.

Antonella

> **Novello**
> Mi chiamo Novello. Vivo a Forlì in Emilia Romagna. Ho
> quasi 54 anni. Sono un insegnante d'inglese in pensione.
> Sono di statura media e peso circa 70 chili. Ho i capelli grigi
> e ogni tanto porto gli occhiali. Sono sposato e ho tre figli.

Novello

Nome	....	Novello ....
Città	....	....
Età	....	....
Statura	....	media ....
Peso	....	....
Stato civile	nubile	....
Dettagli personali	capelli biondi....................	....
Professione	....	....

5 Leggi queste descrizioni di due amici

Desideria
La mia migliore amica si chiama Desideria e ha 21 anni. È molto magra e piccola di statura. Ha i capelli neri, lunghi e lisci. È molto carina e intelligente. Pesa circa 49 chili. Studia biologia all'università di Genova. Ama il mare e ha una passione per il suo gatto che si chiama Michele.

Federico
Il mio migliore amico si chiama Federico. È nato il 14 marzo 1982 e adesso ha 17 anni. Frequenta il terzo anno del liceo linguistico. Ha i capelli castani chiari, ricci e gli occhi azzurri. È alto un metro e 71 e pesa 65 chili. È un tipo sportivo e molto ambizioso.

6 A chi si riferiscono le affermazioni seguenti?

Scrivi **D** (= Desideria) o **F** (= Federico) accanto a ciascuna.

1 Non ha animali.
2 Questa persona è abbastanza alta.
3 È studentessa universitaria.
4 Pratica lo sport.
5 È meno giovane di quattro anni.
6 Non si sa la sua data di nascita.

7 Ora scegli una parola o espressione adatta dall'elenco qui sotto e completa la descrizione. Attenzione! Ci sono più parole che spazi.

> **occhi intelligente abbastanza grasso mi chiamo famiglia simpatica peso si chiama amica nata corti animali magra novembre sedici ricci tre**

> Io ..(1).. Helen e ho ..(2).. anni. Sono ..(3).. il 25 ..(4).. 1982. Sono ..(5).. alta e ho i capelli ..(6).. e ..(7).. e gli ..(8).. verdi. Sono molto ..(9).. perché ..(10).. solo quaranta chili. Mi piacciono tanto gli ..(11).. e ho ..(12).. gatti e un cane che ..(13).. Snoopy. La mia migliore ..(14).. si chiama Jane. È veramente ..(15).. e molto molto ..(16)...

8 CONCORSO Uno stilista italiano ha bisogno di modelli – maschi e femmine – per una sfilata di moda (*fashion show*). Tu sei molto interessato/a. Scrivi una breve descrizione di te stesso/a. Il tuo professore raccoglierà le descrizioni e manderà le migliori in Italia.

9 Con l'aiuto degli esempi qui sopra e delle parole ed espressioni utili qui sotto descrivi altre due persone che conosci bene (amici/compagni di classe/ membri della famiglia).

Dettagli personali

 ## Parole ed espressioni utili

{ Mi chiamo *My name is* { Il mio nome è	Roberto *Robert*	
{ Si chiama *His/her name is* { Il suo nome è	Gianni *John* Maria *Mary*	
Ho *I am* Ha *He/she is*	diciassette anni *17 years old* cinquant'anni *50 years old*	
Sono nato/a *I was born* È nato/a *He/she was born*	il 10 giugno 1979 *on the 10th June, 1979* nel 1967 (millenovecentosessantasette) *in 1967*	
Ho *I have*	i capelli *hair*	biondi *blond/fair* neri *black* castani *brown* grigi *grey* corti *short* lunghi *long* ricci *curly* ondulati *wavy*
Ha *He/she has* Mia madre *My mother* Mio padre *My father* ha *has* Mia sorella *My sister* Mio fratello *My brother*	gli occhi *eyes*	azzurri *blue* castani *brown* verdi *green*
(Non) sono *I am (not)* (Non) è *He/she is (not)*	molto *very* abbastanza *quite*	alto/a *tall* basso/a *short* grasso/a *fat* magro/a *thin* simpatico/a *nice*

		antipatico/a *unpleasant* bello/a *good-looking, beautiful* brutto/a *ugly* piccolo/a *small* timido/a *shy* ambizioso/a *ambitious* robusto/a *big, stocky* gentile *kind* intelligente *intelligent*
Porto *I wear* Porta *He/she wears*	gli occhiali *glasses* le lenti a contatto *contact lenses*	
Sono alto/a *I am (measure)* È alto/a *He/she is/measures*	circa *about*	un metro e settanta *one metre 70*
Sono *I am* È *He/she is*		di statura media *of medium height*
Peso *I weigh* Pesa *He/she weighs*	quasi *almost*	cinquantacinque chili *55 kilos*

Il lavoro

10 Le professioni

Come si chiama. . .? Rispondi ad ogni domanda scegliendo la professione giusta dall'elenco qui sotto.

a) l'infermiere/a   b) il controllore   c) il meccanico   d) il/la cameriere/a
e) il/la commesso/a   f) il postino   g) l'insegnante   h) Il/la disoccupato/a
i) il/la cuoco/a   l) il veterinario

Per esempio: Chi visita gli ammalati a casa? Risposta = il medico

1 Chi ripara i motori delle automobili?
2 Chi serve i clienti in un negozio?
3 Chi cura gli animali malati?
4 Chi lavora in ospedale?
5 Chi prepara le pietanze nella cucina di un ristorante?
6 Chi controlla i biglietti sul treno o sull'autobus?
7 Chi lavora in una scuola?
8 Chi recapita le lettere e i pacchi?
9 Chi serve i clienti in un ristorante?
10 Chi è senza lavoro?

Parole ed espressioni utili

Dove lavora tuo padre/tua madre?		*Where does your father/mother work?*
Che lavoro fa tuo marito/tua moglie?		*What work does your husband/wife do?*
Cosa fa tuo fratello?		*What does your brother do?*
Tua sorella lavora?		*Does your sister work?*
Mia madre *My mother*		in un albergo *in a hotel*
Mio padre *My father*		in un ufficio *in an office*
Mio/a zio/a *My uncle/aunt*		in un ospedale *in a hospital*
Mio fratello *My brother*		in un'agenzia di viaggi *in a travel agency*
Mia sorella *My sister*	lavora *works*	in una scuola *in a school*
Mio marito *My husband*		in un negozio *in a shop*
Mia moglie *My wife*		a casa *at home*
Mio nonno *My grandfather*		in una fabbrica *in a factory*
Mia nonna *My grandmother*		in un ristorante *in a restaurant*
		in una banca *in a bank*
		in una farmacia *in a chemist's*
È *He/she is*		ingegnere *engineer*
		elettricista *electrician*
		impiegato/a di banca *bank employee*
		operaio *(manual) worker*
		idraulico *plumber*
		vigile urbano *traffic warden*
		ragioniere/contabile *accountant*
		agente di viaggi *travel agent*
		stilista *fashion designer*
		direttore/direttrice *manager*
		preside *headmaster/headmistress*
		segretario/a *secretary*
		libero/a professionista *self-employed*
{ È senza lavoro *He/she is unemployed* { È disoccupato/a Non lavora *He/she does not work*		
Lavora in proprio *He/she is self-employed*		

La famiglia

11 Ricevi la seguente lettera dal tuo corrispondente Lorenzo.

Urbino, 23 ottobre

Caro Ian

come stai? Io sto molto bene ed anche la mia famiglia. La mia famiglia è composta da quattro persone: io, mio babbo, mia mamma e mio fratello gemello. Mio babbo si chiama Giorgio e lavora in fabbrica. Mia mamma invece è insegnante di storia e geografia in una scuola elementare mentre io frequento l'ultimo anno del liceo scientifico. Mio fratello lavora in banca. Io vado abbastanza d'accordo con i miei genitori anche se a volte sono un po' severi. Amo tanto gli animali, infatti ho un gatto rosso di nome Pinki. Ho anche due canarini carini che sono inseparabili. Sono molto contenti e cantano tutto il giorno. Tu hai fratelli e sorelle? Com'è composta la tua famiglia? Ti piacciono gli animali?

Scrivimi presto

Ciao

Lorenzo

La mia famiglia

👉 **Tocca a te!**

12 Prima di rispondere alla lettera di Lorenzo completa la seguente tabella con i dettagli della tua famiglia (e degli animali naturalmente!)

Per esempio:

Nome	Chi?	Età	Dettagli personali	Professione
Sue	io	19 anni	abbastanza bassa, capelli rossicci e corti	infermiera
Charlotte	sorella	23 anni	alta, capelli neri	disoccupata

Ora usa i dettagli della tua tabella per rispondere alla lettera.

Parole ed espressioni utili

Ho *I have*	un fratello (minore/maggiore) *one/a(n) (younger/older) brother* due fratelli *two brothers* una sorella *a sister* un fratellastro *a stepbrother* una sorellastra *a stepsister* un cane *a dog* un gatto *a cat* un pesce rosso *a gold fish* un coniglio *a rabbit* un criceto *hamster* un canarino *a canary* un cavallo *a horse*
Non ho *I don't have*	fratelli/sorelle
Sono *I am*	figlio unico *an only son* figlia unica *an only daughter*
Mio padre/mia madre è *My father/mother is*	vedovo/a *widowed*
I miei genitori sono *My parents are*	divorziati *divorced* separati *separated*
Mio fratello/mia sorella è *My brother/sister is*	sposato/a *married*
Mio padre/mio patrigno *My father/stepfather* Mia madre/mia matrigna *My mother/stepmother* Mio fratello/mia sorella *My brother/sister* Mio nonno/mia nonna *My grandfather/grandmother* Mio zio/mia zia *My uncle/aunt* Il/la mio/a migliore amico/a *My best friend*	si chiama . . . *is called* . . .

13 Ricevi la seguente lettera da una ragazza italiana.

 ## Tocca a te!

Ora rispondi a questa lettera. Ricordati che Elena vuole sapere <u>tutto</u> sulla tua famiglia.

Torino, 10 Settembre

Ciao
mi chiamo Elena Bongiovanni e frequento il quinto anno di un Liceo linguistico a Torino. Per me le lingue sono molto importanti e per questo imparo l'inglese e lo spagnolo. La mia professoressa di inglese mi ha dato il tuo indirizzo e mi ha detto che sai corrispondere con una ragazza italiana.

Abito a dieci chilometri dal centro di Torino con la mia famiglia (foto inclusa). Ho compiuto 18 anni a luglio. Sono abbastanza alta con i capelli castani e ondulati e gli occhi azzurri. Siamo cinque in famiglia: mio padre, mia madre, la mia sorella minore, mio fratello ed io. Mio fratello si chiama Alessandro e ha cinque anni più di me. Lavora in un'agenzia di viaggi a Venezia. Non ci vediamo molto spesso, forse una volta ogni due mesi, perché è sempre molto impegnato con il lavoro. Mia sorella Cristina ha tredici anni ed è ancora a scuola ed è molto brava. È molto bella. È molto diligente di me. Vado molto d'accordo con mia sorella ed abbiamo praticamente gli stessi gusti.

Mio padre è disoccupato. Ha lavorato in una fabbrica di automobili per quasi trent'anni. Sarà molto difficile trovare un altro lavoro alla sua età perché ha 54 anni. Malgrado la situazione, mio padre è sempre di buon umore.

È veramente simpatico e divertente.

Mia madre è molto bassa e ha i capelli neri e ondulati - È più giovane di mio padre e ha 45 anni. Ha fatto la maestra in 2 scuole elementari per dieci anni ma due anni fa ha deciso di cambiare professione e adesso lavora part-time in un ufficio proprio difronte a casa nostra.

Mi piacciono molto gli animali, soprattutto i gatti. Ho sempre voluto avere un gatto siamese piccolo ma purtroppo mia sorella è allergica sia ai gatti che ai cani e quindi.... Un giorno forse quando avrò il mio appartamento! Vedi che mi piace sognare?

Adesso devo finire perché ho un sacco di compiti da fare per domani. Scrivimi presto e mandami tue notizie. Voglio sapere tutto sulla tua famiglia. Ti raccomando, non dimenticare di spedirmi una foto di te e della tua famiglia.

Tanti saluti a te e ai tuoi

La tua nuova amica

Elena

L'ambiente geografico

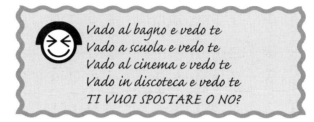

Vado al bagno e vedo te
Vado a scuola e vedo te
Vado al cinema e vedo te
Vado in discoteca e vedo te
TI VUOI SPOSTARE O NO?

Com'è la zona/regione in cui abiti?

 Parole ed espressioni utili

Abito *I live* La mia regione è/ si trova *My region is*	nel nord/sud *in the north/south* nell'est/ovest *in the east/west* nel nord-est/nord-ovest *in the north-east/north-west* nel sud-est/sud-ovest *in the south-east/south-west*		del Paese *of the country*
È una zona/regione *It's an area/a region*	molto *very* veramente *really*	bella *beautiful* pittoresca *picturesque* tranquilla *quiet, peaceful* rumorosa *noisy* turistica *tourist* montagnosa *mountainous* collinosa *hilly* industriale *industrial* agricola *agricultural*	
Ha *It has* Ci sono *There are*		boschi *woods* foreste *forests* alberi *trees* campi *fields* laghi *lakes* spiagge *beaches*	

👈 **Tocca a te!**

1   Utilizza i disegni qui sotto per descrivere
ogni regione.
Per esempio:

La mia regione si trova nel nord-est del Paese. È una regione molto pittoresca. Ci sono laghi e spiagge.

Che tempo fa?

	fa bello *it's nice*
	fa brutto *it's awful*
	fa caldo *it's hot*
	fa freddo *it's cold*
	fa fresco *it's cool, fresh*
In primavera *In spring*	c'è il sole *it's sunny*
D'estate *In summer*	tira vento *it's windy*
In autunno *In autumn*	c'è la nebbia *it's foggy*
In inverno *In winter*	gela *it freezes*
	piove *it rains*
	nevica *it snows*
	è umido *it's damp*
	è afoso *it's close*
	è nuvoloso *it's cloudy*

Com'è il clima nella tua zona?

2 Completa il seguente brano con una parola/espressione adatta dall'elenco qui sotto. Attenzione! È possibile usare la stessa parola più di una volta.

tira vento ✓   primavera ✓   fresco ✓   caldo ✓   nuvoloso ✓

sole ✓   nebbia   piove ✓

freddo ✓   umido ✓   inverno ✓   bello ✓   nevica

Io abito nel sud-ovest del Paese dove il tempo è generalmente molto ..(1).. D'estate c'è quasi sempre il ..(2).. e di solito fa molto ..(3).. Ogni tanto ..(4).. perché è un posto sul mare. In autunno ..(5).. spesso ed è molto ..(6).. Alla sera comincia a fare un po' più ..(7).. In ..(8).. fa ..(9).. ma non tanto perché la temperatura raramente scende sotto zero, c'è la ..(10).., è ..(11).. ma non ..(12).. mai. In ..(13).., soprattutto alla fine di marzo e ai primi di aprile ..(14).. molto ma per il giardino va bene.

Tocca a te!

3 Adesso descrivi brevemente la tua regione ed il clima durante le varie stagioni dell'anno (primavera/estate/autunno/inverno).

4   Abbina ogni frase al suo simbolo meteorologico.

Usa il dizionario se necessario.

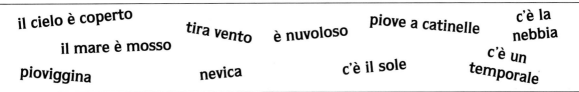

il cielo è coperto   tira vento   è nuvoloso   piove a catinelle   c'è la nebbia

il mare è mosso   c'è il sole   c'è un temporale

pioviggina   nevica

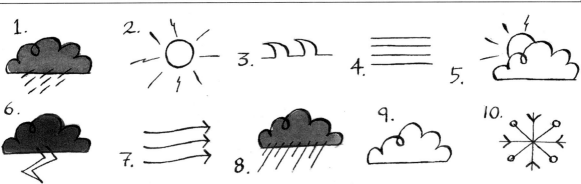

1.   2.   3.   4.   5.

6.   7.   8.   9.   10.

Le temperature

5   Guarda le temperature previste per oggi in diverse città italiane e poi completa le frasi in modo appropriato.

TEMPERATURE IN ITALIA			
Venezia	+ 24	Roma	+ 32
Milano	+ 27	Napoli	+ 30
Torino	+ 23	Bari	+ 28
Bologna	+ 26	Palermo	+ 34
Firenze	+ 29	Cagliari	+ 29

1   Fa più caldo a .... che a Roma

2   La temperatura più bassa è a ....dove ci sono ....gradi

3   .... e .... hanno la stessa temperatura

4   Ci sono sette gradi di differenza fra Torino e ....

5   Le temperature sono più alte nel sud che ....

6 Guarda la cartina d'Italia qui sotto e poi scrivi il bollettino meteorologico per domani. Prima di cominciare rileggi le direzioni *nel nord/sud ecc.* a pagina 10

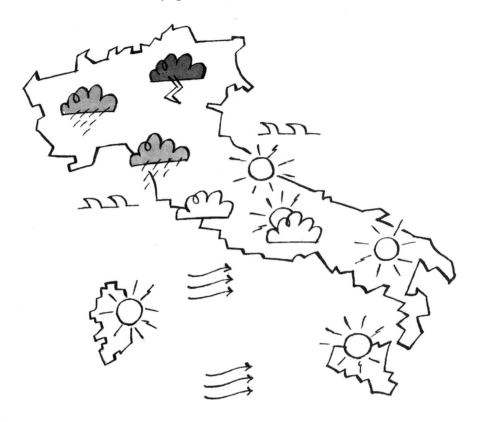

📖 Parole ed espressioni utili

di mattina *in the morning*
di pomeriggio *in the afternoon*
di sera *in the evening*
sulle montagne *in the mountains*
schiarite (la schiarita) *bright spells*
farà caldo/freddo *it will be hot/cold*
farà più caldo/freddo *it will be hotter/colder*
possibilità di rovesci (il rovescio) *chance of showers*
ci saranno temporali *there will be (thunder) storms*
la temperatura minima/massima sarà . . . gradi *the minimum/maximum temperature will be . . . degrees*
il vento sarà debole/moderato/forte *the wind will be light/moderate/strong*

Descrivi la tua regione/zona in modo dettagliato

Dove vivi esattamente?

Abito *I live* Abitiamo *We live*	in *in*	un villaggio/paese *village* piccolo/a *small* una città *town/city* grande *big* una cittadina *small town* un paesino *small village*	
		sul mare *by the sea* nell'entroterra *inland* a due passi dal mare *a stone's throw from the sea*	
	vicino *near*	al mare *the sea* alla costa *the coast* alle montagne *the mountains*	
	lontano *far from*	dal mare *the sea*	

(Nota: vicino <u>a</u> = *near (to)*, lontano <u>da</u> = *far from*. Thus: vicino **al** centro *near the centre*; lontano **dal** centro *far from the centre*)

Con chi abiti?

Abito con *I live with*	la mia famiglia *my family* i miei genitori *my parents* mia madre/mio padre *my mother/father* i miei nonni *my grandparents* mia moglie/mio marito *my wife/husband*

In che tipo di casa abiti?

Abito *I live* Abitiamo *We live*	in *in*	una villa *a detached house* una casa a schiera *a terraced house* una villetta a un piano *a bungalow* un appartamento *a flat*	piccolo/a *small* medio/a *medium-sized* grande *large* comodo/a *comfortable* vecchio/a *old* nuovo/a *new* moderno/a *modern*

Dove si trova la tua casa?

	in campagna *in the country*
{La mia casa è *My house is* {La mia casa si trova	in centro *in the centre*
	in periferia *on the outskirts*
	nel centro storico *in the old part*
	in un quartiere residenziale
	in a residential area/neighbourhood
	in una zona industriale/commerciale
	in an industrial/a commercial area

	vicino *near to*	al Duomo *the Cathedral*
	accanto *next to*	alla stazione *the station*
	di fronte *opposite*	allo stadio *the stadium*
		all'agenzia di viaggi *the travel agent's*

(Nota: accanto <u>a</u> = *next to*, di fronte <u>a</u> = *opposite*. Thus: accanto **al** ristorante *next to the restaurant*; di fronte **al** municipio *opposite the town hall*)

7 Completa la seguente lettera con una parola/espressione adatta dall'elenco qui sotto.

di fronte	turisti	tranquillo	quartiere	casa	parco
piccolo		amici		comoda	rumoroso
zona		grande	genitori		costa

Cara Francesca

Ecco una breve descrizione della mia ..(1).. e della ..(2).. in cui vivo. Abito con i miei ..(3).. in un paese ..(4).. a dieci chilometri dalla ..(5).. La nostra casa è abbastanza ..(6).. e molto ..(7).. Si trova in un ..(8).. residenziale. ..(9).. alla casa c'è un ..(10).. dove vado spesso a fare una passeggiata con i miei ..(11).. Per fortuna il quartiere è veramente ..(12).. D'estate, però, quando arrivano i ..(13).. è molto più ..(14)..

Ciao, a presto

Emma

8 Leggi attentamente le due lettere seguenti.

Caro Paul

Come stai? Spero bene. Oggi ti voglio descrivere
la zona in cui abito. È un paesino in montagna
con non più di cinque mila abitanti,
veramente carino e tranquillo.
La vita qui è totalmente diversa da quella
in città ma ugualmente bella. E tu dove abiti?
Ti piace? Scrivimi presto.

Tanti saluti

Giovanni

CARA JENNY,
COME STAI? SPERO BENE! OGGI VOGLIO PAR-
LARTI UN PÒ DEL LUOGO IN CUI VIVO.
IO ABITO NELLA PERIFERIA DI FORLÌ.
NONOSTANTE L'AEREOPORTO SIA A DUE
PASSI DA CASA NOSTRA, È UNA ZONA
ABBASTANZA TRANQUILLA. CI SONO
MOLTI SPAZI VERDI INTORNO ALLA
CASA E QUINDI I RAGAZZI DEL
QUARTIERE HANNO LA POSSIBILITÀ
DI GIOCARE E DIVERTIRSI ALL'ARIA
APERTA, LONTANO DAL CAOS CITTADINO.
E TU INVECE? DOVE VIVI ESATTAMENTE?
NEL CENTRO DELLA CITTÀ OPPURE
IN PERIFERIA? MI PIACEREBBE
RICEVERE TUE INFORMAZIONI IN
PROPOSITO.

SCRIVI PRESTO,
MI RACCOMANDO!!
CIAO
ELENA

☞ Tocca a te!

Adesso rispondi ad una di queste lettere.

9 Immagina di essere le due persone qui sotto. Con l'aiuto delle parole/ espressioni date, scrivi le lettere che mandano ai loro amici.

Francesca genitori; appartamento nuovo/piccolo/comodo; periferia; zona industriale/rumorosa; 20km/centro

Marco moglie/due figli; villa grande/ vecchia/bella; centro storico/città; quartiere/tranquillo; 35km/mare

Com'è la tua casa?

		una stanza *one room* due/tre stanze *two/three rooms* un ingresso *an entrance hall* una camera (da letto) *one bedroom* due camere *two bedrooms* un bagno *a bathroom* una cucina *a kitchen* un soggiorno/salotto *a living room/lounge* una sala da pranzo *a dining room*	
Di sopra *Upstairs* Di sotto *Downstairs* Al pianterreno *On the ground floor* Al primo piano *On the first floor*	abbiamo *we have* c'è *there is* ci sono *there are*	un balcone/una terrazza che dà *a balcony/terrace overlooking*	sulla piazza *the square* sulla strada *the street*
Di fronte alla casa *In front of the house* Dietro alla casa *Behind the house* Accanto alla casa *Next to the house* Intorno alla casa *Around the house*	c'è *there is*		un garage *a garage* un giardino *a garden*

10 Che casa è?

Abbina la descrizione al disegno della casa. Attenzione! Ci sono più descrizioni che disegni.

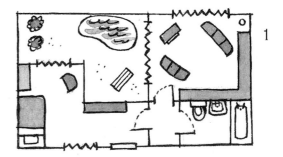

a La mia casa ha due camere grandi, una cucina piccola ed un soggiorno spazioso.

b Il mio appartamento ha una camera sola, un bagno di fronte alla camera e un bel soggiorno che dà sul giardino.

c Quando si entra nella mia casa c'è una piccola cucina sulla destra. Accanto alla cucina ci sono due camere da letto. Di fronte alle camere c'è un grande soggiorno che ha una porta-finestra che apre sulla terrazza.

d Ho una casa a due piani. Al pianterreno ci sono la cucina, il bagno e un piccolo soggiorno. Dietro alla casa c'è un garage.

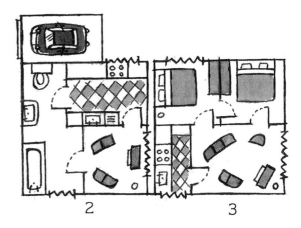

 Tocca a te!

11 Ora descrivi la tua casa.

Com'è la tua città?

Quanti abitanti ci sono?

Il mio paese *My village* La mia città *My town*	ha *has*	cento *one hundred* duecento *two hundred* mille *one thousand*	abitanti *inhabitants*
Nel mio paese *In my village* Nella mia città *In my town*	c'è *there is* ci sono *there are*	duemila *two thousand* un milione di *a million* due milioni di *two million* circa/quasi tre milioni di *about/almost three million*	

Cosa c'è nella tua città?

		un cinema *a cinema*	un municipio *a town hall*
Nel mio paese		un teatro *a theatre*	uno stadio *a football stadium*
In my village		una discoteca *a disco*	un ristorante *a restaurant*
Nella mia città		un centro sportivo	una tavola calda *a snack bar*
In my town	c'è	*a sports centre*	una paninoteca *a sandwich bar*
	there is	una piscina *a swimming pool*	un albergo *a hotel*
Nei dintorni	ci sono	un mercato *a market*	una biblioteca *a library*
in the vicinity/	*there are*	un Duomo *a cathedral*	una stazione *a station*
neighbourhood		un castello *a castle*	un aeroporto *an airport*
Qui vicino		una chiesa *a church*	un supermercato *a supermarket*
Near here		un parco *a park*	i giardini pubblici *public gardens*
		un ufficio postale *a Post Office*	molti negozi *many shops*
		un porto *a port*	
		un museo *a museum*	

Cosa pensi della tua città?

Quali sono i vantaggi e gli svantaggi di vivere lì?

Quello che mi piace del mio paese è che. . .	Quello che non mi piace della mia città è che . . .
What I like about my village is that. . .	*What I don't like about my town is that . . .*
. . . c'è molto da fare *there is a lot to do*	. . . non c'è niente da fare
. . . è (molto) tranquillo *it's (very) quiet*	. . . *there is nothing to do*
. . . è bello *it's pretty*	. . . è (troppo) rumorosa *it's (too) noisy*
. . . è pulito *it's clean*	. . . è (molto) sporca *it's (very) dirty*
. . . è interessante *it's interesting*	. . . è noiosa *it's boring*
. . . è storico *it's historical*	. . . è troppo industriale
. . . ci sono molti ristoranti	. . . *it's too industrial*
. . . *there are many restaurants*	. . . non c'è un cinema
. . . ci sono parecchi locali notturni	. . . *there's no cinema*
. . . *there are several night clubs*	. . . c'è solo un bar
. . . ci sono tanti bar	. . . *there's just one bar*
. . . *there are so many bars*	. . . non ci sono ristoranti/discoteche
	. . . *there are no restaurants/discos*

(Non) mi piace. *I (don't) like it.*
Non c'è male. *It's not bad.*
Per me, va bene. *For me, it's alright.*

Tocca a te!

12 Scrivi cinque aspetti positivi e cinque aspetti negativi della tua città o del tuo paese.

Per esempio: Mi piace molto la città in cui vivo perché c'è molto da fare. Per esempio . . . poi . . .

13 Leggi la seguente lettera dalla tua amica italiana.

Cagliari, 8 febbraio

Ciao

come va? Ho appena ricevuto la tua cartolina da Bath. Dev'essere una bellissima cittadina! Dovresti venire a trovarmi qui a Porto Cervo, un posto turistico sul mare. Vedrai che meraviglia! Si trova nel nord-est della Sardegna, nella zona che si chiama Costa Smeralda, appunto per il colore del mare, verde smeraldo. È una zona granitica dove le spiagge hanno la sabbia bianca e l'acqua è limpidissima. Il clima sull'isola è mite tutto l'anno e nevica solo ogni dieci, quindici anni. Non c'è dubbio che sia la zona più ricca della Sardegna perché qui arrivano molti divi del cinema e VIP del mondo sportivo e politico. È diventata una zona veramente internazionale e d'estate c'è una marea di turisti. Però, quando la stagione finisce a fine settembre, tutti gli alberghi e negozi chiudono. Se ti piace fare lo shopping troverai tanti bei negozi di abbigliamento e di calzature. Se non ti piace il mare possiamo visitare l'interno dell'isola dove il paesaggio è selvaggio ma veramente pittoresco.

Io abito in una villetta e dal balcone vedo proprio il mare. Tutte le ville sono di costruzione bassa che è una caratteristica delle case mediterranee.

L'invito è sempre valido, fammi solo sapere quando arrivi. Se non ti piace il caldo afoso dell'estate ti consiglio di venire in primavera. Sarò all'aeroporto! Se vuoi saperne di più vieni qua e potrai vedere con i tuoi occhi.

Scrivi presto e non dimenticare di descrivere un po' la tua regione.

Ciao, con affetto

Francesca.

 Tocca a te!

Ora rispondi a questa lettera. Non dimenticare di descrivere la tua regione, il clima, la tua casa, la tua città o il tuo paese.

Gli studi ed il lavoro

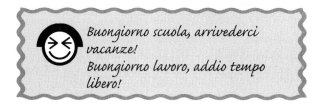

Buongiorno scuola, arrivederci vacanze!
Buongiorno lavoro, addio tempo libero!

 Parole ed espressioni utili

Domande	Risposte
Che scuola frequenti? *What school do you go to?*	Frequento una scuola elementare/media *I go to a primary school/a middle school* una scuola superiore/l'università *a secondary school/university*
Che anno frequenti? *What year are you in?*	Il primo/quarto/quinto *First/fourth/fifth*
Che classe fai? *What class are you in?*	La seconda/terza *The second/third year*
Dove si trova la tua scuola? *Where is your school?*	È in centro *It's in the centre of town*
È una scuola grande/piccola? *Is it a big/small school?*	È (abbastanza) grande/piccola *It is (quite) big/small*
Quanti alunni/studenti ci sono? *How many pupils/students are there*	Ce ne sono 2000 *There are 2000*
Quanti maestri/e? *How many primary school teachers?*	Ci sono dieci maestri *There are 10 primary school teachers*
Quanti insegnanti/professori? *How many secondary school teachers?*	Ci sono 150 insegnanti/professori *There are 150 teachers.*
A che ora cominciano le lezioni? *What time do the lessons start?*	Le lezioni cominciano alle otto *Lessons start at eight o'clock*
Quante lezioni avete al giorno? *How many lessons do you have per day?*	Cinque/sei *Five/six*
Quanto tempo dura l'intervallo? *How long is break?*	Dura dieci minuti *Ten minutes*
A che ora pranzi? *At what time do you have lunch?*	All'una *At one o'clock*
Dove mangi? *Where do you eat?*	Mangio a scuola/a casa *At school/at home*
Quando finiscono le lezioni? *When do the lessons finish?*	Finiscono all'una *At 1.00 p.m.*
Ti danno molti compiti? *Do they give you lots of homework?*	Sì, soprattutto di storia *Yes, particularly in History*
Sono molto severi gli insegnanti? *Are your teachers very strict?*	No, sono molto simpatici *No they are very nice*

Ti danno punizioni? *Do they punish you?*	No, solo se chiacchieriamo troppo *No, only if we talk too much*
Hai molte vacanze durante l'anno? *Do you get lots of holidays a year?*	Due settimane a Natale/a Pasqua *Two weeks at Christmas/at Easter*
	Tre mesi d'estate *Three months in the summer*
Che materie studi? *What subjects do you study?*	L'italiano, l'inglese ed il francese *Italian, English and French*
Quale materia preferisci? *What subject do you prefer?*	L'inglese *English*
Quanti esami devi fare quest'anno? *How many exams do you have to do this year?*	Devo fare 8 esami *I have to do 8 exams*
Quali sono i tuoi progetti per il futuro? *What do you intend to do in the future?*	Vorrei continuare a studiare *I would like to carry on studying*
Che cosa farai quando avrai finito la scuola? *What will you do when you have finished school?*	Vorrei andare all'università *I would like to go to university*

1   Adesso scrivi le tue risposte alle domande che hai appena letto.

2   Leggi queste descrizioni:

Ciao! Mi chiamo Riccardo. Frequento una scuola media. La mia scuola si trova in centro città. Vado a scuola a piedi perché è molto vicina a casa mia. Faccio la terza media. Ci sono 1800 alunni e 90 insegnanti. A me piace la mia scuola. Tutti gli insegnanti sono simpatici.

Ciao! Mi chiamo Annamaria. Frequento un liceo linguistico. La mia scuola si trova in periferia. Vado a scuola in bicicletta perché è abbastanza lontana da casa mia. Ci sono 1700 alunni e 108 insegnanti. Io odio la scuola. Tutti gli insegnanti sono severi e ci danno spesso punizioni.

A chi si referiscono le affermazioni seguenti?
Scrivi **R** (=Riccardo) o **A** (=Annamaria) accanto a ciascuna:

a   A questa persona piace la scuola.

b   Frequenta una scuola superiore.

c   Fa il terzo anno della scuola media.

d   La scuola non è lontana da casa sua.

e   Detesta la scuola.

f   Non le piacciono i professori.

Parole ed espressioni utili
Dov'è la tua scuola?

La mia scuola si trova *My school is*	a Londra/Edimburgo *in London/Edinburgh* a 100 metri da casa mia *100 metres from my house* lontano da casa mia *a long way from my house* vicino a casa mia *near my house*

Come vai a scuola?

Vado a scuola *I go to school*	in macchina	*by car*
	in bicicletta	*by bike*
	in treno	*by train*
	in metropolitana	*by metro*
	in pullman	*by bus*
	a piedi	*on foot*

3 Completa il seguente brano con una parola/espressione adatta.

Frequento .... La mia scuola si trova a .... Vado a scuola .... Le lezioni cominciano alle .... e finiscono alle .... Ho .... lezioni al giorno. C'è un intervallo alle .... Dura .... minuti. Ho molte vacanze durante l'anno: .... settimane a Natale, ... settimane a Pasqua e .... settimane d'estate.

4 Ricerca di parole

Puoi trovare queste materie?

ARTE	FRANCESE
BIOLOGIA	GEOGRAFIA
CHIMICA	GRECO
EDUCAZIONE FISICA	INFORMATICA
FISICA	INGLESE
ITALIANO	RUSSO
LATINO	SCIENZE
LINGUE	SPAGNOLO
MATEMATICA	STORIA
RELIGIONE	TEDESCO

Puoi trovare una parola nascosta?

A	A	R	T	E	I	T	A	L	I	A	N	O	E	F	E
A	C	I	T	A	M	R	O	F	N	I	B	C	D	D	F
N	O	M	L	I	L	I	N	G	U	E	H	H	U	G	R
A	I	R	O	T	S	P	Q	R	S	T	U	C	Z	V	A
S	T	R	O	T	E	D	E	S	C	O	A	C	Z	G	N
F	C	D	U	A	F	A	I	B	O	Z	N	E	I	H	C
M	S	I	S	S	T	O	I	P	I	G	R	E	C	O	E
O	T	E	E	N	S	O	M	O	F	I	S	I	C	A	S
L	Z	C	B	N	L	O	N	I	S	P	O	S	T	R	E
E	A	L	H	O	Z	E	B	N	E	S	E	L	G	N	I
T	N	M	G	S	F	E	G	E	O	G	R	A	F	I	A
R	C	I	D	I	R	M	E	N	O	I	G	I	L	E	R
Z	A	T	S	S	P	A	G	N	O	L	O	M	I	I	O
A	P	I	M	A	T	E	M	A	T	I	C	A	T	I	A
T	C	C	H	I	M	I	C	A	A	N	C	B	U	L	O
A	L	A	T	I	N	O	T	I	E	I	R	E	T	A	M

Parole ed espressioni utili

Quali materie preferisci?			Perché?			
Mi piace *I like*	l'italiano l'inglese il francese	*Italian* *English* *French*				
Studio *I study*	il tedesco lo spagnolo il russo il latino	*German* *Spanish* *Russian* *Latin*	È *It is*	interessante facile utile diverso/a	*interesting* *easy* *useful* *different*	
Preferisco *I prefer*	la matematica la storia l'educazione fisica la musica l'informatica	*Mathematics* *History* *P.E.* *Music* *I.T.*				

La mia materia preferita è *My favourite subject is*	l'arte *art*

Mi piacciono *I like (pl)*	le lingue *languages*	Sono *They are*	interessanti *interesting*

Non mi piace *I don't like* Detesto *I hate* Odio *I hate*	la fisica la chimica la biologia la religione la tecnologia lo sport la geografia	*Physics* *Chemistry* *Biology* *R.E.* *Technology* *Sport* *Geography*	È *it is*	noioso/a complicato/a difficile inutile	*boring* *complicated* *difficult* *useless*

Non mi piacciono *I don't like (pl)*	le scienze *sciences* l'italiano e la matematica *.Italian and Mathematics*	Sono noiose *They are boring* Sono troppo difficili *They are too difficult*

Sono bravo/a in	*I am good at*	matematica	*Maths*
Vado bene in	*I am doing well in*	geografia	*Geography*
Vado male in	*I am doing badly in*	francese	*French*

L'inglese è il mio punto debole	*English is my weak point/I am weak in English*

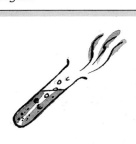

5 Scrivi una lista delle materie che ti piacciono e di quelle che non ti piacciono.

Mi piace	Non mi piace
l'italiano	la fisica

6 Adesso, se possibile, spiega la tua scelta.
Per esempio: Mi piace l'italiano, perché la lingua è così bella.
Odio la fisica, perché l'insegnante è troppo severo.

7 Ricevi il seguente e-mail da un ragazzo sordo *(deaf)*:

N.B. la lingua italiana dei segni (LIS) . . .
Italian sign language

Ciao!! Io mi chiamo Stefano e ho tredici anni. Sono sordo. Abito a Pescara. Faccio la seconda media. La mia scuola si chiama Torquato Tasso. Ci sono milleseicento studenti. Vado a scuola in macchina. Nella mia classe viene l'interprete della lingua dei segni. Si chiama Antonella ed è molto simpatica. A me piace il computer perché posso comunicare con altri ragazzi. Ho un'amica americana. Anche lei è sorda. Ha quindici anni, si chiama Giulia e abita in Texas. Lei conosce i segni e scrive in inglese. Io leggo le lettere in inglese. Quando le parole sono difficili mia mamma mi aiuta e me le traduce in italiano. Nella mia classe ci sono dodici ragazze e quattordici ragazzi. Come materie mi piacciono la matematica, l'arte, l'inglese, ecc . . . Mi piace usare l'Internet così posso comunicare meglio. Ciao a tutti!!

Rispondi alle domande:

a Quanti anni ha Stefano?
b Dove abita?
c Che classe fa?
d Chi viene in classe per interpretare nella lingua dei segni per Stefano?

e Dove abita Giulia, l'amica di Stefano?
f Chi aiuta Stefano a leggere le lettere di Giulia?
g Perché a Stefano piace l'Internet?

8 Leggi la seguente lettera.

Roma, 29 Maggio

Ciao!
Il mio insegnante mi ha dato il tuo
indirizzo. Mi chiamo Paola, ho 13 anni
ed abito a Roma. E tu? Come passi la
tua giornata? Io la mattina vado
a scuola alle otto e venti e ritorno a
casa all'una. Ti allego il mio
orario. Durante il pomeriggio, prima
pratico i miei sport preferiti e faccio
i compiti e poi vado con i miei
amici a Frascati. Ritorno a casa
verso le otto e mezzo, perché è ancora
chiaro. La mia materia preferita è
la matematica.
Quali sono le tue materie preferite?
Ora ti saluto;

Ciao, Paola —

L'orario di Paola

Ora	lunedì	martedì	mercoledì	giovedì	venerdì	sabato
8:20–9:15	inglese	fisica	francese	inglese	storia	scienze
9:15–10:10	matematica	inglese	storia	fisica	religione	francese
10:10–11:05	biologia	geografia	matematica	italiano	francese	ed. fis.
11:05–11:15	intervallo	–	–	–	–	–
11:15–12:05	italiano	matematica	storia	matematica	italiano	inglese
12:05–12:55	storia	religione	ed. fisica	francese	matematica	storia

Tocca a te!

9 Adesso scrivi il tuo orario. Si va a scuola
il sabato nel tuo Paese?

10 Ora rispondi a Paola. Non dimenticare di rispondere a tutte le domande, usando le parole ed espressioni utili che trovi in questa unità. Se vuoi, puoi anche fare delle domande.

 ## Parole ed espressioni utili
Com'è la gente a scuola?

Il/la professore/ssa è simpatico/a	*The teacher is nice*
Il/la preside è molto severo/a	*The Headteacher is very strict*
La segretaria è molto simpatica	*The secretary is very nice*
Gli studenti sono diligenti	*The students are hardworking*

Aspetti positivi

Aspetti negativi

simpatico/a	*nice*	antipatico/a	*unpleasant*
ambizioso/a	*ambitious*	pigro/a	*lazy*
felice	*happy*	infelice	*unhappy*
intelligente	*intelligent*	stupido/a	*stupid*
divertente	*amusing*	noioso/a	*boring*

11 Leggi questa lettera:

Caro Daniel,

questa volta vorrei parlarti della scuola che frequento. Sono una studentessa dell'Istituto Tecnico Commerciale di Milano. Dall'esterno è un edificio di forma geometrica. L'interno è rigido come l'esterno: professori esigenti e molte materie di studio. Oggi è stato il primo giorno di scuola e già mi hanno assegnato molte pagine da studiare.

Parlami della tua scuola. Dove si trova? È grande o piccola? Che anno frequenti? Quale materia preferisci? Perché? A che ora cominciano le lezioni e quando finiscono? Quante lezioni avete al giorno? A che ora pranzate? Dove mangi? Sono molto severi i tuoi insegnanti? Ti danno molti compiti? Ti danno punizioni?

I miei sentimenti verso la mia scuola sono contraddittori: da una parte mi permette di socializzare con molti coetanei, ma dall'altra mi provoca stress: lo studio a casa, la paura per i compiti in classe e le interrogazioni e la delusione quando non ottengo i risultati sperati. A proposito di risultati, per domani devo ripassare molte pagine di francese. Devo lasciarti adesso.

Scrivimi presto e dimmi cosa pensi della tua scuola. Raccontami sia i lati positivi che quelli negativi .

A presto!

Ciao

Sara

Scrivi un elenco dei lati positivi e negativi della tua scuola.

Per esempio:

i lati positivi	i lati negativi
tanti amici	tanti compiti

12 Ora rispondi a Sara. Non dimenticare di rispondere a tutte le domande, usando le parole ed espressioni utili che trovi in questa unità. Se vuoi, puoi anche fare delle domande.

Parole ed espressioni utili
Attrezzature

Nella mia scuola	c'è	un refettorio	a canteen
In my school	there is	un campo sportivo	a sports field
	ci sono	un campo da tennis	a tennis court
	there are	due campi sportivi	two sports fields

Nella mia scuola ci sono tante aule specializzate. Per esempio:

3 aule-computer, con un totale di 35 computer e 25 stampanti, con collegamento ad Internet

2 aule di disegno: con tavolo da disegno 160×120 e armadio per archivio disegni;

1 laboratorio linguistico dotato di 25 consolle audio, di un televisore, di un videoregistratore, e di una lavagna luminosa;

1 laboratorio di scienze naturali e chimica

1 laboratorio di fisica;

C'è anche una biblioteca dove si possono trovare dizionari, enciclopedie, opere in lingua straniera ecc.;

Fuori c'è anche un campo da pallavolo e pallacanestro;

Abbiamo tutta l'attrezzatura necessaria per lo sport: palloni da pallavolo, pallacanestro e calcio; attrezzi per il salto in alto; ostacoli e parallele; un cavallo con maniglie; materassini; ed anche attrezzi per l'atletica leggera.

L'edificio è munito d'ascensore, è circondato d'ampi spazi esterni e dispone d'aree parcheggio con circa 100 posti macchina.

13 Ora scegli una parola adatta dall'elenco qui sotto e completa la descrizione di questa scuola:

collegamento	dizionari	linguistico	specializzati	cavallo
luminosa attrezzature				
		salto	disegno	
da tennis	a colori	palloni	disegni	atletica

Nella mia scuola ci sono tante ..(1).. specializzate.

Un'aula è dotata di televisore ..(2).., videoregistratore, e lavagna ..(3)..

Un'altra ha 12 computer con ..(4).. ad Internet

Ci sono tre aule di disegno: con tavolo da ..(5).. e armadio per archivio;

Il nostro laboratorio ..(6).. è dotato di 28 consolle audio, di un televisore, di un videoregistratore, e di una lavagna luminosa. Nella biblioteca si possono trovare ..(7).., enciclopedie, testi ..(8).. Fuori c'è anche un campo ..(9).. Abbiamo tutta l'attrezzatura necessaria: ..(10).. da pallavolo, attrezzi per il ..(11).. in alto; un ..(12).. con maniglie ed anche attrezzi per l'..(13).. leggera.

14 Ora scrivi delle frasi in cui descrivi le attrezzature nella tua scuola.

15 Leggi questo e-mail.

Amici inglesi, americani, australiani interessati, fatevi conoscere!
È facile: basta mandarci un e-mail!
Siamo un gruppo di 20 alunni del terzo anno di una scuola media a Siena.
Ecco alcune possibilità di collaborazione:
Lettere – le lettere scritte in classe o a casa possono essere raccolte su un dischetto e mandate via e-mail.
Scambi culturali sulla propria regione – p.e. noi scriveremo sulla Toscana voi sullo Yorkshire, sul Texas oppure su Melbourne! Dove abitate? Com'è la zona? Vi piace abitarci?
Studio in comune di un tema culturale – al momento a scuola studiamo Romeo e Giulietta di William Shakespeare. L'avete mai letto o magari visto a teatro? Cosa studiate d'interessante al momento?

Scambio di informazioni pratiche sulla vita della scuola – vi piacciono i vostri insegnanti? Sono severi o simpatici? Avete molti compiti da fare? Dovete portare un'uniforme? Se sì, com'è?
Visite e vacanze all'estero. Siete mai stati in Italia? Desiderate venire in Italia? Imparate l'italiano a scuola?

Scriveteci! L'indirizzo è: lorenzo@ail.it

Scrivi un e-mail per rispondere alle domande degli alunni.

16 Leggi questa lettera:

> Teramo, 7 Maggio 1999
>
> Cara Anna,
>
> Volevi sapere la differenza tra i corsi di sostegno e i corsi di recupero. Come ti ho già spiegato, faccio un corso di sostegno di francese quest'anno, perché voglio essere promossa a giugno. Il francese è il mio punto debole! I corsi di sostegno si tengono durante l'anno scolastico e sono per quegli allievi che hanno problemi nelle diverse discipline.
>
> I corsi di recupero si svolgeranno nei primi giorni di settembre, prima dell'inizio dell'anno scolastico e dovranno essere frequentati dagli studenti che sono stati bocciati negli esami a giugno.
>
> Tali corsi sono tenuti per quanto possibile dagli insegnanti degli alunni stessi.
>
> Dimmi se esistono i corsi di sostegno e di recupero anche nel tuo paese.
>
> Quale materia è il tuo punto debole?
> Cosa succede se non sei promossa negli esami alla fine dell'anno scolastico?
> Ora devo andare - ho dei compiti da fare!
>
> Ciao
> Elisabetta

Rispondi alla lettera di Elisabetta. Non dimenticare di:
- chiederle come sta
- ringraziarla per la spiegazione dei corsi
- dirle quale materia è il tuo punto debole

- spiegare 1: se ci sono corsi di sostegno o di recupero nella tua zona/nel tuo Paese e

2: il sistema di esami nel tuo Paese.

17 Se ti va, puoi anche aggiungere due righe!

Per esempio:

> Se lo studio fosse un gelato
> Io ....
> Se lo studio fosse una spaghettata
> Io ....

 se lo studio fosse come marmellata
Io mi alzerei primo in mattinata
Se lo studio fosse un tiramisù
Io studierei anche testa in giù
Se lo studio fosse una mangiata
Io studierei per l'intera giornata

Il lavoro

Che lavoro fai?
(Vedi anche pagina 6)

Lavoro *I work*	in *in*	un supermercato un'autorimessa un negozio una fabbrica un ufficio	*a supermarket* *a garage* *a shop* *a factory* *an office*
	come *as*	babysitter	*a babysitter*
È *It is*	un lavoro	temporaneo a tempo pieno part-time	*a temporary job* *a full time job* *a part-time job*
Che tipo di lavoro ti piacerebbe fare? *What sort of work would you like to do?*		Mi piacerebbe fare il giornalista *I would like to be a journalist.*	

18 Che lavoro fai?

> Il sabato lavoro da una parruchiera. Ho cominciato a lavorare due mesi fa, a settembre. Mi pagano solo 10€ al giorno. Nonostante la paga bassa lo trovo molto interessante. La proprietaria è molto divertente e simpatica. Qualche volta vengono perfino delle persone famose.
>
> Giulia

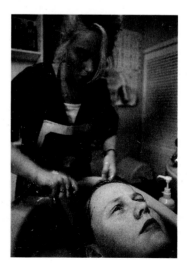

Rispondi alle seguenti domande:

a   Dove lavora Giulia?
b   Quando ha cominciato a lavorare?
c   È noioso il lavoro?
d   Com'è la proprietaria?
e   Chi viene di tanto in tanto?

Parole ed espressioni utili
Da quanto tempo lavori qui?

Lavoro (qui) *I have been working (here)*	da *for*	una settimana/quattro settimane *a week/four weeks* un mese/tre mesi *a month/three months* un anno/due anni *a year/two years* settembre *since September*
Ho cominciato a lavorare *I started work*	un mese fa/un anno fa *a month ago/a year ago*	

Quali condizioni offre il lavoro?

Lavoro *I work*	tre ore *three hours* otto ore *eight hours*	al giorno *a day* alla settimana *a week*
Mi pagano *They pay me*	quattro sterline *four pounds*	al giorno *a day* all'ora *an hour*
	bene/male *well/badly*	
Lo trovo *I find it*	facile difficile noioso faticoso divertente	*easy* *difficult* *boring* *tiring* *amusing*

☞ Tocca a te!

19 Con l'aiuto di questi simboli scrivi delle
frasi:

Per esempio:
Lavoro in un supermercato.
Sono cassiera.
Lavoro per quattordici ore al giorno –
dalle 8.00 alle 22.00.
Mi pagano 3 sterline all'ora.

20 Leggi queste lettere:

Milano, 8 ottobre

Caro Francesco,
i miei sforzi sono stati rapidamente premiati!
Da qualche giorno sono impiegato come segretario di un notaio milanese.
Devo ancora abituarmi a questo nuovo lavoro, ma mi trovo già molto bene. Il mio datore di lavoro è infatti una persona simpatica.
Devo trattare con molte persone ogni giorno, ma riesco anche ad avere momenti di relax.
Sono molto contento e direi anche fortunato perché sono riuscito a trovare un lavoro soddisfacente mentre molti ragazzi sono disoccupati o scontenti del loro impiego.
Un saluto,
Salvatore

Bari, 9 Aprile

Caro Carlo,
Mi trovo da qualche mese nel grande mondo del lavoro. Infatti, dopo parecchi anni di studio, ho finalmente la laurea in Economia e Commercio ed ora sono dipendente in un'impresa che si occupa di esportazioni di scarpe dall'Italia al resto del mondo. Il mio lavoro è quello di amministrare e dirigere i lavori di imballo delle confezioni di scarpe.
Oltre alla fatica e allo stress provocati dal grosso numero di persone con cui ho rapporti, penso che, in fin dei conti, il lavoro che io svolgo sia bello e ricco di soddisfazione, soprattutto quando il capo dell'intera impresa si congratula con te per l'ottimo lavoro svolto.
Spero quindi di continuare questa attività e magari di salire di grado all'interno della ditta.
Tanti saluti
Cristoforo

A chi si referiscono le affermazioni seguenti? Scrivi **S** (= Salavatore) o **C** (= Cristoforo) o **S+C** (= Salvatore e Cristoforo) accanto a ciascuna:

a   È laureato.

b   È segretario.

c   Vuole continuare a lavorare per la ditta.

d   Lavora da alcuni mesi.

e   Lavora da un paio di giorni.

f   Il capo della ditta è molto contento del suo lavoro.

g   Ha trovato un lavoro che gli dà soddisfazione.

h   Pensa che molti giovani non siano contenti del loro lavoro.

21   Leggi questi annunci.

Annunci

Ragazza alla pari cerca famiglia disposta ad ospitarla come baby-sitter. Per informazioni telefonare allo: 0338 8056899.

Sono un tastierista chitarrista cantante di buon livello. Faccio matrimoni, banchetti, serate al piano-bar, serate di liscio da scuola. La mia e-mail è moreno@aconet.it

Persona madre lingua inglese/americano impartirebbe, a buon prezzo, ripasso di conversazione a Bassano Romano. Per informazioni telefonare allo: 0337 9066404

Manuele Gilotti. Esperto grafico, pratico uso PC e Mac vari programmi tra i quali Photoshop, Freehand, Pagemaker, Quark Express e tantissimi altri applicativi. Disposto a trasferimento, per informazioni telefonare allo 0347 17813505.

Lavoro per i giovani
Secondo l'articolo 4 della Costituzione della Repubblica italiana: *I giovani hanno diritto a un lavoro, non necessariamente ad un posto.*

Tocca a te!

Ora scrivi un annuncio per te. Non dimenticare di scrivere:

● cosa vuoi fare
● come il datore di lavoro può contattarti

Lavoro estivo guidato
Domanda di lavoro

Pescara, 4 gennaio

Egregio Signor Di Girolamo,

sono uno studente di terza superiore e desidero trovare un lavoro durante i mesi estivi. La mia scuola, Galileo Galilei, è coinvolta nel progetto "il lavoro estivo guidato" tramite il Signor Mazzini, docente coordinatore del progetto. Si tratta di un'opportunità strutturata per i ragazzi delle terze e delle quarte superiori di svolgere una concreta esperienza lavorativa nel corso dei mesi estivi. Ogni ragazzo che partecipa riceve una borsa di studio. Sono stati coinvolti l'amministrazione scolastica, il comune, la Provincia, le Organizzazioni sindacali, le Aziende e la Camera di Commercio.

Ho già compiuto uno 'stage aziendale' in una ditta di contabilità generale. Di madre lingua italiana ho anche un'ottima conoscenza della lingua francese, perché ho vissuto con i miei genitori e mia sorella in Francia per due anni – dall'età di 10 a 12 anni. Adesso vorrei migliorare la mia conoscenza delle nuove tecnologie nell'ambiente aziendale.

Potrei iniziare a lavorare il primo luglio e andare avanti fino a quando ricomincia la scuola all'inizio di settembre. Gradirei conoscere quali condizioni mi potrebbe offrire.

In attesa di una Sua cortese risposta, La prego di gradire i miei più distinti saluti.

Offerte lavoro e impiego

AZIENDA

alberghiera ricerca personale qualificato di ristorante, cucina e ricevimento. Per informazioni contattare
Agenzia Benvenuto,
Via S. Francesco,
37018 MALCESINE.

DITTA

leader seleziona rappresentanti formati giovani e dinamici. Contattare per maggiori informazioni:

Provvigioni S.p.A.,
viale Veneto 134,
35127 PADOVA.

VIDEOCOMUNICAZIONE
PUBBLICITARIA

nuovo ed esclusivo. Per la filiale di Torino ricerchiamo venditori creativi, positivi, dinamici. Scrivere:

Italcomunicazione 2000,
Via Garibaldi 110,
10100 Torino.

IMPORTANTE

Società produzioni televisive cerca venditori part-time per propri prodotti. Ottime provvigioni età massima 25 anni, corsi formativi. Non porta a porta. Per qualsiasi informazione:

Teleradio,
Via S. Liberatore 12,
41100 Modena.

☞ **Tocca a te!**

22 Scegli uno di questi lavori e scrivi una lettera per fare domanda d'impiego. Nella lettera bisogna:

- spiegare cosa hai fatto finora (p.e.: "stage aziendale" in una ditta)
- menzionare la conoscenza di una/due lingua/e
- spiegare perché sei il migliore candidato per il lavoro
- chiedere ulteriori informazioni: la paga, gli orari, ecc.
- dire quando puoi iniziare a lavorare (alla fine di luglio, all'inizio di agosto)

Aggiungi alla tua lettera un curriculum vitae. Ecco un curriculum vitae senza i dettagli personali che devi copiare e riempire:

Curriculum vitae

Cognome:
Nome:
Indirizzo:
Comune:
CAP:
Provincia:
Telefono:
Fax:
e-mail:
Sesso: *(maschile/femminile)*
Nazionalità: *(italiana/straniera)*
Data di nascita:
Luogo di nascita: *(provincia/stato estero)*
Stato civile: *(nubile/celibe/sposato)*
Formazione scolastica: *(Titolo di studio; licenza di scuola media/diploma/laurea)*
Lingue straniere: *(scolastico/professionale/madrelingua francese/inglese/spagnolo/tedesco)*
Altra: *(specificare)*
Conoscenze informatiche: *(da specialista/da utilizzatore/nessuna)*
Tipo di azienda: *(Indicare il settore in cui ti interessa lavorare: p.e. Agricoltura/Alimentari/Abbigliamento/Alberghi/Informatica)*
Disponibile: *(il mese di luglio/agosto/settembre)*
Data:
Firma:

Il cibo e la salute

A colazione non mangio perché penso a te
A pranzo non mangio perché penso a te
A cena non mangio perché penso a te
La notte ... MANGIO perché HO FAME!

1 Ricerca di parole   LE BEVANDE
Trova le DIECI bevande!

| limonata | latte | birra | vino | caffè |
| tè | cioccolata | acqua | gassosa | spumante |

S	A	F	A	S	O	S	S	A	G
P	B	L	I	M	O	N	A	T	A
U	C	E	O	G	H	I	G	T	B
M	D	A	D	N	U	F	E	L	I
A	B	C	F	A	I	H	I	L	R
N	C	D	G	F	T	V	A	M	R
T	D	E	F	B	E	T	R	N	A
E	E	D	E	C	T	C	S	O	P
C	F	E	D	E	A	U	Q	C	A
C	I	O	C	C	O	L	A	T	A

2 Completa ogni frase con il colore adatto dall'elenco qui sotto:

bianco/a, marrone, giallo/a, arancione, verde, rosso/a

a   La lattuga è.........
b   Il limone è.........
c   Il pomodoro è.........
d   Il gelato è.........
e   La castagna è.........
f   L'arancia è.........

3 Scrivi una lista della frutta che vedi:
Per esempio:

> una banana

4 Completa le frasi sottostanti con una delle parole/espressioni seguenti:

a Oggi devo comprare un chilo di ....

b Ieri ho comprato un litro di ....

c Domani andrò al negozio di fronte per comprare una scatola di ....

d Oggi compro mezzo chilo di ....

e Ieri ho comprato una bottiglia di ....

f Domani comprerò un etto di ....

g Oggi compro una dozzina di ....

h Ieri ho comprato un pacco di ....

i Domani andrò al supermercato per comprare due etti di ....

= 100 grammes

barrato – sound tin

spaghetti	**vino**	**patate**	**formaggio**	**sardine**	**uova**
biscotti		**acqua minerale**		**prosciutto crudo**	**banane**

5 Leggi questi messaggi:
Chi l'ha fatto/Chi lo farà? Completa le seguenti frasi usando i nomi: Paola/Caterina/la mamma/Antonio/ il papà o Sandro:

a .... mangerà la pasta.

b .... è andato dal fornaio.

c .... ha mangiato dalla zia.

d .... è andata dalla zia.

e .... tornerà presto.

f .... troverà da mangiare nel frigo.

> Paola
> sono andata da zia Anna. Il pranzo è pronto, c'è un po' di prosciutto nel frigo e la pasta devi solo farla scaldare.
> Buon appetito!
> Caterina

> Mamma
> ho mangiato da zia Franca perché nel frigo non c'era niente! La zia mi ha preparato un bel piatto di spaghetti.
> Antonio

> Papà
> sono andato a comprare un po' di pane perché a casa non c'è.
> Torno subito
> Sandro

Tocca a te!

6   Scrivi un messaggio per un amico:

- Vai al cinema
- Hai comprato pane e formaggio
- Tornerai alle 18.00

ciliegia. = cherry

Parole ed espressioni utili

Buon appetito!	*Have a nice meal!*		
Mi piace *I like* Preferisco *I prefer* Non mi piace *I don't like*	il tè la frutta la birra la carne il pesce l'uva mangiare il cioccolato preparare da mangiare cucinare	*tea* *fruit* *beer* *meat* *fish* *grapes* (collective) *eating chocolate* *preparing a meal* *cooking*	
Mi piacciono *I like* Non mi piacciono *I don't like*	i dolci gli spaghetti le uova le pesche i funghi gli zucchini	*sweets* *spaghetti* *eggs* l'uovo (sing) *peaches* *mushrooms* *courgettes*	
Sono vegetariano/a *I am vegetarian*			

7   Scrivi una lista del cibo che ti piace e di quello che non ti piace:
Per esempio:

Mi piace	Mi piacciono	Non mi piace	Non mi piacciono
la pasta	gli spaghetti	il pesce	le uova

8 Collega ogni parola del gruppo A con il suo contrario nel gruppo B.

A		B	
a	freddo/a	1	crudo/a
b	dolce	2	insipido/a
c	cotto/a	3	cattivo/a
d	buono/a	4	amaro/a _bitter_
e	salato/a	5	caldo/a

9 Completa le frasi con le parole dell'esercizio precedente.

a   Io personalmente preferisco il prosciutto .... a quello ....

b   Com'è .... questo vino! Quello che ho provato ieri era ....

c   Questo tè è ....! Io preferisco il tè ....!

d   Quant'è .... questa pizza! Quella che hai preparata ieri era ....

10 Leggi attentamente il brano poi completa l'esercizio seguente:

snack

Di solito la domenica mangio bene! A colazione bevo un caffè e mangio una pasta. A pranzo mangio un bel piatto di spaghetti al ragù e spesso anche un po' d'arrosto con insalata. La domenica faccio perfino la merenda – sempre un tè al limone con qualche biscotto. A cena preferisco qualcosa di più leggero, come per esempio una minestra e un po' di frutta o di formaggio. soup.

Cosa mangi tu la domenica? Completa le frasi.

Di solito la domenica mangio ....
A colazione ....
A pranzo ....
A merenda ....
A cena ....

Parole ed espressioni utili

l'antipasto	_starter_	il dessert	_dessert_	la pasta	_pasta_
il primo piatto	_first course_	il dolce	_dessert/sweet_	il riso	_rice_
il secondo	_second course_	la salsa	_sauce_	la carne	_meat_
il contorno	_side dish_	la minestra/ zuppa	_soup_	il pesce	_fish_
				lo spuntino	_snack_

11 Completa le frasi con una parola/espressione adatta dalla lista in alto.

Come <u>antipasto</u> prendo funghi sott'olio. Non mi piace la ..(1).. Per ..(2).. vorrei gli spaghetti all'arrabbiata. Mi piacciono i peperoncini piccanti! Preferisco la ..(3).. al riso. Come ..(4).. una bella bistecca di maiale con patate fritte per ..(5).. Preferisco la carne al ..(6).. Che bello ..(7)..!!

12

Alcune specialità

Gli gnocchi sono un piatto molto semplice di origine italiana ed austro-ungarica. Sono a base di farina, patate e semolino.

La polenta è un piatto di origine contadina fatto di farina di granoturco cotta in acqua bollente.

La pizza è un piatto a base di pasta di pane ed è di origine napoletana.

La pizza Margherita a base di pomodoro, mozzarella e basilico fu inventata dal cuoco Raffaele Esposito nel 1889 per festeggiare la visita della regina a Napoli. I suoi ingredienti formavano i colori della bandiera italiana.

Completa le frasi a seconda delle informazioni qui sopra:

a .... è un piatto che preparavano i contadini.

b Gli gnocchi sono fatti di ...., ... e ....

c La prima .... fu fatta a Napoli.

d I colori della bandiera italiana sono gli stessi della ....

Alcune ricette

Leggi queste ricette e, se ti va, provale!!

Insalata capricciosa del marito

Dosi per due persone:

Ingredienti:
1 pomodoro
1 peperone
2 coste di sedano *celery.*
1 finocchio
50 gr. di prosciutto cotto
50 gr. di arrosto di tacchino
50 gr. di mozzarella

1 uovo sodo
50 gr. di olive nere
4 cucchiai di olio
1 cucchiaio di succo di limone o aceto
1 pizzico di pepe
2 pizzichi di sale

Come si prepara:
Lavare e asciugare le verdure *turkey*
Tagliare il prosciutto ed il tacchino a cubetti *ham*
Condire il tutto con pepe, sale, olio, limone o aceto

To season

Non è condito bene — not seasoned
shappo — tasteless.

Maccheroni all'arrabbiata

13a Ecco una bella ricetta per i maccheroni all'arrabbiata, ma purtroppo manca qualche parola (qualcuno ha rovesciato un po' di sugo sulla pagina!!). Scegli una parola adatta dall'elenco qui accanto per completarla. Usa il dizionario se necessario.

600	spicchi	maccheroni
olio		3
	cipolla	
cucchiaiate		basilico

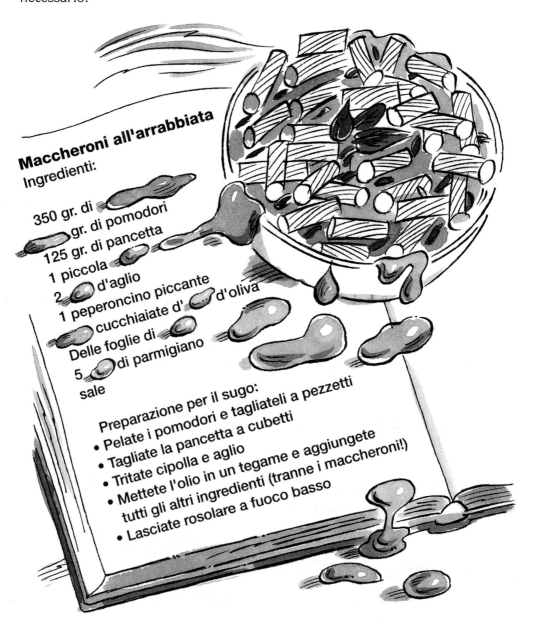

Maccheroni all'arrabbiata

Ingredienti:

350 gr. di _____
_____ gr. di pomodori
125 gr. di pancetta
1 piccola _____
2 _____ d'aglio
1 peperoncino piccante
_____ cucchiaiate d'_____ d'oliva
Delle foglie di _____
5 _____ di parmigiano
sale

Preparazione per il sugo:
- Pelate i pomodori e tagliateli a pezzetti
- Tagliate la pancetta a cubetti
- Tritate cipolla e aglio
- Mettete l'olio in un tegame e aggiungete tutti gli altri ingredienti (tranne i maccheroni!)
- Lasciate rosolare a fuoco basso

Come cuocere la pasta?

13b   Adesso abbiamo il sugo, ma come cuocere la pasta? Metti le 5 istruzioni nell'ordine giusto:

a   *Continuate a farla cuocere mescolando di tanto in tanto*

b   *Versatela nel tegame contenente il sugo*

c   *Buttate la pasta nell'acqua e lasciatela cuocere*

d   *Fate bollire l'acqua salata per far cuocere la pasta*

e   *Scolate la pasta quando è al dente*

Banana flambé

14   Ecco una bella ricetta per le banane, ma purtroppo manca qualche parola (questa volta qualcuno ha versato un po' di rhum sulla pagina). Scegli una parola adatta dall'elenco qui accanto per completarla.

cucchiai	banane	sbucciate
burro	fiammifero	rhum
zucchero	piatto	subito

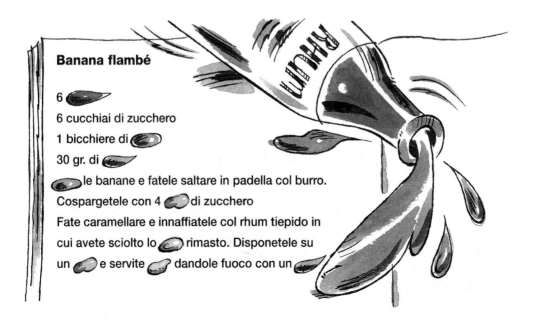

Banana flambé

6 🍌

6 cucchiai di zucchero

1 bicchiere di 🍌

30 gr. di 🍌

🍌 le banane e fatele saltare in padella col burro.

Cospargetele con 4 🍌 di zucchero

Fate caramellare e innaffiatele col rhum tiepido in

cui avete sciolto lo 🍌 rimasto. Disponetele su

un 🍌 e servite 🍌 dandole fuoco con un 🍌

15 Leggi questa lettera

> *Torino, 12 settembre*
>
> *Caro Stephen*
>
> *Nella tua ultima lettera mi hai chiesto di scriverti la ricetta del tiramisù che mia mamma ti ha preparato la sera prima della tua partenza. Eccola:*
>
> *Il Tiramisù*
>
> *Dosi per 8-10 persone:*
>
> *Ingredienti*
>
> | | |
> |---|---|
> | *30 savoiardi* | *250 grammi di mascarpone* |
> | *6 tuorli d'uovo* | *1/2 litro di caffè amaro (meglio se espresso)* |
>
> *200 grammi di zucchero*
>
> *Come si prepara:*
>
> *Per la crema: sbattere le uova con lo zucchero, incorporare il mascarpone*
>
> *Bagnare i savoiardi con il caffè amaro*
>
> *Disporli in una teglia*
>
> *Coprire con uno strato di crema*
>
> *Fare un secondo strato di savoiardi e crema*
>
> *Spolverare con cacao amaro in polvere*
>
> *Mettere in frigorifero per almeno due ore*
>
> *Al caffè si può aggiungere, se si vuole, del liquore!!!*
>
> *Buon appetito!*
>
> *Hai una ricetta favorita da mandarmi? Sai scriverla in italiano?*
>
> *Ciao*
>
> *Assuntina*

Rispondi alla lettera di Assuntina. Prova a scriverle una ricetta semplice.

La salute

 Parole ed espressioni utili

Come stai?

Sto *I am*	(molto) bene (molto) male	*(very) well* *(very) ill*
Mi sento *I feel*	stanco/a meglio peggio	*tired* *better* *worse*
Ho mal di *I have*	testa denti gola	*a headache* *toothache* *a sore throat*
Ho *I have*	il raffreddore un ascesso un dolore l'influenza la febbre il raffreddore da fieno	*a cold* *an abscess* *a pain* *flu* *a fever* *hayfever*
Mi fa male	il naso il dente l'orecchio lo stomaco la pancia la gamba la mano	*My nose hurts* *My tooth hurts* *My ear hurts* *My stomach hurts* *My stomach hurts* *My leg hurts* *My hand hurts*
Mi fanno male	i piedi gli occhi	*My feet hurt* *My eyes hurt*

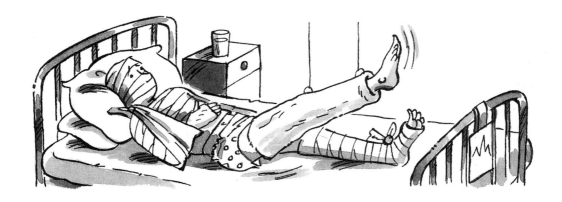

16 Dove ti fa male? Abbina ogni espressione
con la sua immagine.

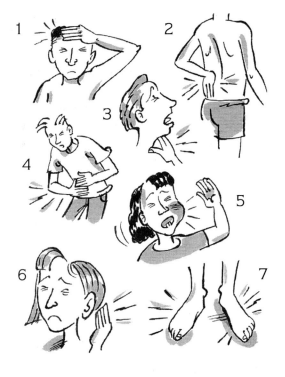

> a Mi fanno male i piedi

> b Mi fa male l'orecchio

> c Mi fa male il dente

> d Mi fa male la gola

> e Mi fa male la pancia

> f Mi fa male la schiena

> g Mi fa male la testa

 Parole ed espressioni utili

Ho preso un colpo di sole	*I have got sunburnt*	
Non riesco a *I can't*	dormire parlare respirare studiare	*sleep* *speak* *breathe* *study*
Sto male *I have been ill*	da *for*	due giorni/una settimana *two days/a week*
Mi sono *I have*	fatto/a male ferito/a tagliato/a bruciato/a rotto/a la gamba storto/a la caviglia	*hurt myself* *injured myself* *cut myself* *burnt myself* *broken my leg* *twisted my ankle*
Sono stato/a punto/a	*I have been stung*	

17 Le seguenti frasi non hanno senso. Riscrivile come nell'esempio:

Per esempio: Oggi non riesco a pensare perché ho mal di testa.

a   Oggi non riesco a pensare e mi sono bruciato un dito.

b   Non posso andare a scuola a piedi. Devo andare dal dentista.

c   Non riesco a respirare: mi sono rotto il braccio.

d   Professore, non posso parlare oggi perché mi fa male il naso.

e   Sono venuto a scuola in bicicletta ma sono caduto perché ho mal di gola.

f   Ieri sono rimasta troppo tempo sulla spiaggia e mi sono storta la caviglia.

g   Ho mal di denti perché mi fa male il piede destro.

h   Sono scivolata mentre facevo la doccia ed ho preso un colpo di sole.

i   Ieri sera stavo stirando una camicia perché ho mal di testa.

18 Abbina le espressioni italiane con le loro equivalenti in inglese:

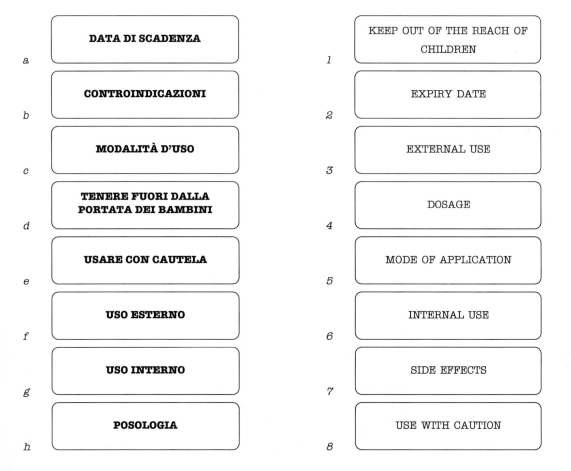

a   DATA DI SCADENZA

b   CONTROINDICAZIONI

c   MODALITÀ D'USO

d   TENERE FUORI DALLA PORTATA DEI BAMBINI

e   USARE CON CAUTELA

f   USO ESTERNO

g   USO INTERNO

h   POSOLOGIA

1   KEEP OUT OF THE REACH OF CHILDREN

2   EXPIRY DATE

3   EXTERNAL USE

4   DOSAGE

5   MODE OF APPLICATION

6   INTERNAL USE

7   SIDE EFFECTS

8   USE WITH CAUTION

Parole ed espressioni utili

Il dottore *The doctor*	{ mi ha fatto { mi ha dato *gave me*	un'iniezione un antibiotico delle compresse delle pastiglie una ricetta per una crema	*an injection* *an antibiotic* *some tablets* *some pastilles* *a prescription for a cream*
Il farmacista mi ha consigliato di prendere *The pharmacist advised me to take*		lo sciroppo per la tosse *some cough medicine*	
Devo *I have* Bisogna *It is necessary*	prendere *to take*	una compressa *a tablet* un antibiotico *an antibiotic* un cucchiaino di questa medicina *a spoonful of this medicine* delle gocce *some drops*	tre volte al giorno *3 times a day* prima dei pasti *before meals* dopo i pasti *after meals* a digiuno *on an empty stomach*
	bere molta acqua *to drink lots of water* rimanere a letto *to stay in bed* andare al pronto soccorso *to go to the first aid unit/casualty* andare all'ospedale *to go to hospital*		

19 Leggi attentamente queste due cartoline.

Ciao
Sono Alberto. Sono qui
in vacanza da 2 giorni
ma non mi sento bene!
Ieri sono dovuto andare
dal medico. Mi ha consigliato
di rimanere a letto per un
giorno e di prendere una
compressa a digiuno.
Che vacanza!

Antonio Ponti

Via Boracelli, 8

64011 Alba Adriatica

Tanti saluti da Anna!
Siamo arrivati bene in Svizzera,
però il primo giorno sulla pista
sono caduta e mi sono rotta la
gamba. Sono dovuta andare al
pronto soccorso!

Francesca Sartorio

Via Ghiberti, 14

41100 Modena

Indica se le seguenti affermazioni sono
VERE o FALSE. Correggi quelle false.

d Deve prendere una compressa una volta
alla settimana.

a Alberto sarà in vacanza per 2 giorni.

b Alberto è andato dal medico l'altro ieri.

c Il medico gli ha detto di andare
all'ospedale.

e Anna è andata a sciare.

f Ha avuto un incidente il primo giorno.

g Si è rotta la caviglia.

Venezia, 10 aprile

Caro Umberto,
scusa se rispondo alla tua lettera così in ritardo, ma mi sono
appena rimesso dall'influenza che mi ha costretto a stare a letto
per un paio di giorni. Ho dovuto chiamare anche il dottore, che
mi ha dato degli antibiotici per farmi passare la febbre. Adesso
però mi sento un po' meglio, ma non posso ancora uscire perché
sono debole. Mi sono annoiato moltissimo mentre ero a letto.
Guardavo la televisione dalla mattina alla sera . . . che noia!
Umberto, e tu come stai? Spero che ti senta meglio di me.
Un grande abbraccio
Alberto

---

20 Leggi la lettera di Alberto.
Adesso trova nella lettera la parola
necessaria per completare le frasi:

d Adesso si sente .... ma piuttosto
....

a Alberto si è appena rimesso dall' ....

b È dovuto stare a letto per due ....

c Il dottore gli ha dato degli .... contro la
....

e Si è annoiato molto a .... e non ha fatto
altro che guardare la .... tutto il
giorno.

21 Leggi bene il brano seguente:

Un incidente

Ieri, alle sette e trentacinque, mentre andavo a scuola, c'è stato un incidente stradale. Al bivio di via Cavour e via Garibaldi un camion ha tamponato una Fiat bianca.
Per fortuna i due conducenti non sono rimasti feriti, ma la Fiat ha subito gravi danni. C'erano due testimoni.

Sei giornalista. Hai intervistato i testimoni di due incidenti. Scrivi un rapporto come quello precedente. Ecco gli appunti che hai preso nel tuo bloc notes per aiutarti.

	a	b
Cosa è successo	un incidente	un tamponamento
Dove	in Via Manzoni, al bivio con Via G. Carducci	in Piazza Cavour, davanti al duomo
Quando	ieri mattina	oggi alle quattro
Veicoli coinvolti	due macchine	una macchina e una bicicletta
Persone ferite	quattro persone gravemente ferite	una persona gravemente ferita
Danni	al paraurti, alle portiere	alla bicicletta
Testimoni	(Nome, cognome, indirizzo)	(Nome, cognome, indirizzo)

Una notizia triste

La famiglia Carr ha ricevuto questo biglietto dall'Italia con una notizia triste. Che cosa è successo?

> Cari amici,
> chi vi scrive è la mamma di Antonio, la quale vi informa che, a causa di un incidente stradale avvenuto in data 16.04.1999, è deceduto Antonio. Allego alla presente una foto ricordo.
> Vi abbraccio con infinita riconoscenza per la vostra amicizia,
>
> Antonella

Antonio Forcelli
α   1.2.1978
Ω   16.4.1999
Se conoscessi il Cielo dove ora vivo, se tu potessi vedere e sentire quello che io sento e vedo in questi orizzonti senza fine, non piangeresti.
Tu pensami così, pensa a questo meraviglioso luogo, dove un giorno ci ritroveremo insieme. A questa fonte di gioia e di amore.

Quando una persona muore in Italia si offrono condoglianze di persona o per lettera. Leggi la risposta della famiglia Carr:

> Bedford, 20.4.1999
>
> Cari Antonella e Francesco,
>
> Abbiamo ricevuto il vostro tragico biglietto e siamo sconvolti dalla notizia.
>
> Come famiglia ci siamo sempre sentiti così vicini ad Antonio. Sta sempre nei nostri pensieri e nei nostri cuori. Andrew ha perso un carissimo amico con cui siamo sicuri sarebbe rimasto in contatto per sempre se non ci fosse stata questa tragedia. Abbiamo pianto molto e continuiamo a chiederci "Perché?" Speriamo che Dio vi dia il conforto e la forza di cui avrete bisogno in futuro.
>
> Non vi dimenticheremo mai e speriamo che attraverso questa lettera possiate sentire tutto l'amore che proviamo per voi.
>
> Con tutto il nostro affetto
>
> Anna, William e Andrew Carr.

Parole ed espressioni utili

Mio *My*	nonno padre fratello zio	*grandfather father brother uncle*	ha avuto *has had*	un attacco cardiaco *a heart attack* un incidente (stradale) *a(n) (traffic) accident*
Mia *My*	nonna madre sorella zia	*grandmother mother sister aunt*	è morto/a *died*	di cancro *of cancer* di un attacco cardiaco *of a heart attack*
La mia amica Il mio amico		*My friend*		in un incidente stradale *in a traffic accident*

22 Hai ricevuto un biglietto dal tuo corrispondente per informarti che sua nonna è morta di un attacco cardiaco. Scrivi un messaggio di condoglianze.

 Parole ed espressioni utili

Ho ricevuto oggi la triste notizia	*I received your sad news today*
Sono rimasto/a molto colpito/a	*I was very saddened*
Ti mando le più sentite condoglianze	*I am sending you most heartfelt condolences*
Mi dispiace tanto	*I am very sorry*
Ho pianto molto	*I cried a lot*
Sono molto triste	*I am very sad*
Vorrei esprimere	*I would like to express*
Sto pensando a te	*I am thinking of you*
Se hai bisogno di qualcosa chiamami	*Call me if you need anything*

Come tenersi in forma

23 Leggi attentamente il problema di Franca e la risposta di Zia Anna.

Rispondi alle seguenti domande:

a Quanti anni ha Franca?
b Quali sport pratica?
c Quant'acqua beve al giorno?
d Perché scrive alla zia Anna?
e Secondo la zia Anna, come sbaglia Franca?

Un problema? Chiedi a Zia Anna!

Sono una ragazza di 22 anni e pratico diversi sport: sci, footing, ginnastica, surf, tennis e body-building. Bevo circa 4 bicchieri d'acqua al giorno e mangio molta frutta. Qual è secondo voi la ragione del mio ingrassamento e come posso fare per risolverlo?

Franca – Lago di Como.

Fai un tentativo: *è probabile che la ragione del tuo ingrassamento sia dovuta alla frutta mangiata troppo e alle ore sbagliate. Sostituiscila con una spremuta nel pomeriggio o a metà mattina.*

Zia Anna

 ## Parole ed espressioni utili

È molto importante *It is very important* È necessario *It is necessary*	mangiare molta verdura e insalata *to eat lots of vegetables and salad* praticare uno sport *to take part in a sporting activity* dormire bene *to sleep well*
Non mangio il grasso Non bevo l'alcool Non fumo Non prendo medicinali	*I don't eat fat* *I don't drink alcohol* *I don't smoke* *I don't take drugs*
Seguo una dieta Sono vegetariano/a	*I follow a diet* *I am a vegetarian*
Ho perso due chili Sono dimagrito/a Sono ingrassato/a Sono dimagrito/a di tre chili Sono ingrassato/a di cinque chili	*I have lost 2 kilos* *I have lost weight* *I have put on weight* *I have lost three kilos* *I have put on five kilos*

Tenersi in forma!

24 Antonia fa un'indagine sulla salute. Ha
ricevuto questi e-mail.

Per mantenermi in forma sto molto attenta a quello che mangio. Non sono vegetariano, ma mangio molta verdura e insalata e non mangio cioccolato. Non fumo e bevo soltanto un bicchiere di vino rosso ogni giorno.
Carlo

Secondo me per tenersi in forma bisogna praticare uno sport. La mattina, prima di andare al lavoro, vado in piscina e nuoto per una mezz'ora. Ogni sera dopo il lavoro faccio una classe d'aerobica. È molto rilassante e posso dimenticare lo stress per 40 minuti! Di tanto in tanto mangio un biscotto oppure un cioccolatino.
Maria

Mi alzo sempre presto la mattina, verso le sei, sei e mezzo. Poi faccio ginnastica per 10 minuti. Qualche volta esco e faccio un po' di jogging prima di prendere un caffè con zucchero (l'unico lusso che mi permetto!). Dopo di che sono pronto ad affrontare il caos del traffico mattutino di Roma.
Antonio

Non pratico uno sport, ma ho una bicicletta in casa. Ogni sera quando rientro dal lavoro mi metto sulla bicicletta e immagino che sto correndo in una gara. Chiudo gli occhi e mi sembra di correre per boschi e montagne. Dopo aver mangiato (sono vegetariana) mi siedo davanti al computer, dove lavoro fino a tarda sera. Prima di andare a letto bevo un bicchiere di latte.
Luisa

Mangio quello che mi pare. Non mi piacciono tanto la frutta e la verdura. Però, secondo me il più grande problema oggi è la droga. Tanti giovani vogliono farsi uno spinello, prendere l'ecstasy o addirittura provare l'eroina. Non capiscono che la droga può rovinare la vita oppure perfino toglierla. Io non mi drogherei mai!

Giulia

Per perdere qualche chilo non è necessario non mangiare – basta imparare a mangiare meglio, in modo sano e senza eccessi.

Franco

A chi si riferiscono le affermazioni seguenti? Scrivi **C**arlo, **M**aria, **A**ntonio, **L**uisa, **G**iulia o **F**ranco accanto a ciascuna:

a   Beve il vino rosso.

b   Non si droga mai.

c   Ogni tanto mangia un biscotto.

d   Prende il caffè con lo zucchero.

e   Beve il latte prima di andare a dormire la sera.

f   Sta molto attento a quello che mangia.

g   Fa aerobica.

h   Fa jogging.

i   È vegetariana.

25 Chi gode di migliore salute? Secondo te chi vive una vita più sana: Carlo, Maria, Antonio, Luisa, Giulia o Franco? Spiega la tua risposta.

 Tocca a te!

26 Una campagna pubblicitaria

Crea un poster o un foglio informativo diretto agli alunni delle scuole elementari con dei consigli per una dieta corretta.

27 Sei in forma?

Utilizzando le espressioni in questa unità e nell'unità 5, scrivi una lettera ad un amico/una amica in cui spieghi come ti tieni in forma. Non dimenticare di dire cosa mangi, quali sport pratichi e cosa pensi della tua dieta.

I passatempi e il tempo libero

1 Cosa ti piace fare durante il tempo libero? Per certe attività è possibile dire <u>quello che</u> ti piace o <u>quello che</u> ti piace <u>fare</u>.

Per esempio:
Mi piace **la lettura**.   *I like **reading**.*
Mi piace **leggere**.   *I like **to read**.*

Sostantivo	Verbo
la lettura	*leggere*

Scrivi nel tuo quaderno le parole **sostantivo** e **verbo** poi metti ogni parola dall'elenco qui sotto nella colonna giusta, come nell'esempio qui accanto. Usa il dizionario se necessario.

sciare   il nuoto   la pittura
la lettura   leggere
la pesca   il pattinaggio   pescare
pattinare
pitturare   il disegno   lo sci
ballare   disegnare   nuotare   il ballo

2 Completa le seguenti frasi con un **verbo** adatto dall'elenco qui sopra.

a Non vado in piscina perché non mi piace ....

b Compro libri e riviste perché mi piace tanto ....

c Siccome non mi piace .... non vado mai in discoteca.

d Mio cugino abita in montagna e in inverno va a ....

e A casa nostra mangiamo pesce fresco almeno una volta alla settimana perché mio fratello va a ....

f Mia sorella mi ha comprato un paio di pattini per il mio compleanno e sabato vado a .... con alcuni miei amici.

g Mio nipote vuole diventare architetto e quindi passa delle ore a ....

3 Sottolinea gli intrusi come nell'esempio. Usa un dizionario se necessario.

**Per esempio: il calcio   il golf   <u>la mela</u>
il tennis
(l'intruso = la mela 'apple')**

a la vela   la cena   il ciclismo   il rugby

b il lago   l'alpinismo   il windsurf   lo sci nautico

c pulire   giocare a carte   giocare a scacchi   andare in bicicletta

d fare aerobica   fare i compiti   fare ginnastica   fare footing

e la pallavolo   la pallanuoto   la pallacanestro   la palla di neve

f suonare il campanello   suonare la chitarra   suonare la batteria   suonare il pianoforte

Attività

Cosa fai?

(Non) mi piace *I (don't) like*	praticare lo sport *to do sport* giocare a tennis *to play tennis* suonare la chitarra *to play the guitar*
Non mi piace affatto *I don't like at all* Preferisco *I prefer* { Mi piace molto *I love* { Amo *I love*	l'alpinismo *mountaineering, climbing* disegnare *to draw* guardare la televisione *to watch television* uscire con i miei amici *to go out with my friends* stare a casa *to stay at home* fare aerobica *to do aerobics* andare in piscina *to go to the swimming pool* leggere un romanzo/una rivista *to read a novel/magazine* andare a cavallo *to go horse-riding* ballare *to dance* la musica pop *pop music* il pattinaggio (sul ghiaccio) *(ice-) skating*
Il mio sport preferito è il nuoto Il mio passatempo preferito è la lettura	*My favourite sport is swimming* *My favourite hobby is reading*
Vado a *I go* Andiamo a *We go*	fare una passeggiata *for a walk* sciare *skiing* fare un giro in macchina *for a drive in the car* pescare *fishing*
Gioco *I play* Giochiamo *We play*	a pallavolo *volleyball* a pallacanestro *basketball* a calcio *football* a golf *golf* a carte *cards* a scacchi *chess* in una squadra *in a team*
Faccio *I do* Facciamo *We do*	atletica *athletics* footing *jogging* ginnastica *physical education* danza *dancing*

Quando?

il sabato (la domenica) ecc.	*on Saturdays (on Sundays) etc.*
al fine settimana	*at the weekend*
ogni giorno/tutti i giorni	*every day*
ogni settimana	*every week*
durante la settimana	*during the week*
di mattina	*in the morning*
di pomeriggio	*in the afternoon*
di sera	*in the evening*
una volta alla settimana/al mese	*once a week/a month*
spesso	*often*
qualche volta	*sometimes*
ogni tanto	*every now and then*
ogni due o tre giorni	*every two or three days*

Con chi?

con *with*	i miei amici *my friends*
	mio fratello/mia sorella *my brother/sister*
	mio marito/mia moglie *my husband/wife*
	mio padre/mia madre *my father/mother*
	il mio ragazzo/la mia ragazza *my boyfriend/girlfriend*

☞ **Tocca a te!**

4 Scrivi dieci frasi che descrivono le attività che ti piacciono. Devi dire <u>quando</u> fai queste attività e <u>con chi.</u>

Per esempio: **Mi piace molto andare al cinema. Vado al cinema una volta alla settimana, generalmente il sabato o la domenica. Ogni tanto vado da solo ma preferisco andare con i miei amici. È più divertente.**

5 Completa le seguenti frasi a seconda dei tuoi interessi/passatempi, come nell'esempio:

a Quando torno a casa dopo la scuola/il lavoro mi piace ………

b Il sabato sera ………

c Al fine settimana mi piace molto ………

d Mi piace molto ……… però preferisco ………

Per esempio: Quando torno a casa dopo la scuola/il lavoro mi piace guardare la televisione.

e Il mio passatempo preferito è ………

f Quando piove preferisco ………

g Quando fa bello mi piace

h Una volta alla settimana vado a ………

i Durante la settimana non mi piace ………

l Non mi piace affatto ………

6 Alcuni amici italiani hanno descritto quello che fanno durante il loro tempo libero. Leggi attentamente le descrizioni.

A   I miei sport preferiti sono il calcio ed il tennis che pratico spesso e soprattutto mi piace giocare a scacchi con i miei amici. Adoro la musica straniera, ma mi piace anche quella italiana; la sera mi piace andare in giro con i miei amici a divertirmi.

B   Amo molto la musica rock e amo molto ballare. Mi piace lo sport in genere ed in particolare il nuoto, infatti frequento la piscina tutte le settimane.

C   Il mio hobby preferito è quello di fare lunghe pedalate con la mia mountain bike sulle colline circostanti. Colleziono inoltre tutte le cartoline da ogni parte del mondo. Per di più sin da quando ero piccola non butto mai via i biglietti del cinema.

A chi si riferiscono le affermazioni seguenti? Basta scrivere A, B, C, D o, naturalmente, più lettere se l'affermazione si riferisce a più persone.

D   Non sono una ragazza molto sportiva e nelle mie ore libere ascolto musica e leggo o ancor meglio dormo.

1 Va al cinema.

2 Il suo passatempo preferito è quello di andare in bicicletta.

3 Questa persona preferisce le attività più passive.

4 A questa persona piace uscire di sera con gli amici.

5 Queste persone hanno una passione per la musica.

6 Le piace la lettura.

☞ **Tocca a te!**

7 Scrivi una lettera al tuo amico/alla tua amica italiano/a.

- chiedigli/chiedile come sta
- digli/dille cosa fai al fine settimana

- spiega come passi il tuo tempo libero
- menziona i tuoi sport e i tuoi passatempi preferiti

8 Hai ricevuto la seguente lettera da una nuova corrispondente italiana. Leggila attentamente.

Torino, 2 dicembre

Ciao,

mi chiamo Elena. Frequento il quinto anno di un liceo linguistico a Torino. A giugno devo affrontare un esame, la maturità, dopo aver superato il quale potrò iscrivermi all'università. Al momento sono molto impegnata con lo studio e sto mettendo in secondo piano quelli che sono sempre stati i miei hobby preferiti. Prima andavo a nuoto due volte alla settimana e facevo delle gite in bicicletta. La cosa che amo di più è andare in bicicletta e girare senza una meta ben precisa per le strade della mia città canticchiando tra me e me qualche canzone. Inoltre mi piace uscire con gli amici anche se solo per fare una passeggiata sotto i portici. A volte ascoltiamo la musica oppure andiamo a vedere qualche film insieme. Mi piacciono i film gialli o quelli d'amore – sono incredibilmente romantica! Come vedi sono una ragazza abbastanza attiva e amo stare con gli amici.

Come ho già detto amo tantissimo ascoltare musica... preferisco quella italiana, anche perché quelle straniere sono quasi sempre in inglese, una lingua mai studiata (ho fatto il francese) quindi puoi capire che emozione si può provare ad ascoltare una canzone se non capisci una sola parola! Con questo non voglio dire che odio la musica straniera.

Quando sono a casa le cose più rilassanti per me sono il mio divano e la mia televisione. Un'ultima cosa devo dirti: per rompere la routine della settimana, durante la quale lo studio mi tiene molto occupata, il sabato esco con i miei amici e andiamo tutti quanti in discoteca insieme.

Dopo questo breve racconto della mia vita mi piacerebbe sapere qualcosa di te. Quali sono i tuoi sport, i tuoi passatempi preferiti? Cosa ti piace fare con i tuoi amici per divertirti?

Aspetto con ansia la tua risposta.

Ciao e a presto

Elena

Adesso trova nella lettera l'equivalente delle seguenti parole o espressioni.

1 sostenere

2 passato

3 occupata

4 sto dando meno importanza

5 avevo l'abitudine di andare

6 i film polizieschi

7 detesto

8 non vedo l'ora di ricevere

 Tocca a te!

9 Ora rispondi alla lettera di Elena. Non dimenticare di rispondere a tutte le domande.

Dove andiamo?

Un invito ad uscire

10 Leggi i seguenti inviti che un ragazzo italiano manda ai suoi amici per posta elettronica. Che cosa suggerisce ogni messaggio?

1

Cosa fai stasera? Ti va di uscire? Al cinema Diana danno un bellissimo film. L'ultimo spettacolo inizia alle 9.00. Rispondimi subito per favore.

2

Domani sera alla pizzeria di fronte alla stazione, c'è un'offerta speciale. Prendi due pizze e ne paghi una. Secondo me, è un'occasione da non perdere. Se vuoi, possiamo incontrarci davanti alla pizzeria alle otto. Fammi sapere se non puoi venire.

3

Domenica pomeriggio c'è una mostra di ceramica alla galleria d'arte accanto al municipio. T'interessa? L'ingresso è gratuito. La galleria apre alle 14.00. Se vuoi andare fammi sapere a che ora e dove ci possiamo incontrare.

4

Cosa ne dici di andare a vedere la partita Juventus-Lazio la settimana prossima?
Fammi sapere subito se t'interessa perché domani posso andare allo stadio per comprare i biglietti.

Puoi andare o no?

Adesso leggi le risposte. Abbina la risposta
all'invito. Chi lo accetta e chi lo rifiuta?

a

> Grazie per l'invito. Sono sicura che sarà molto interessante e poi non costa niente entrare. Ci vediamo alle 14.30 davanti all'ingresso. A presto, Luisa.

b

> Grazie, ma non mi va di andare. Domenica devo studiare e poi sai benissimo che non mi piace il calcio. Ci sentiamo. Ciao, Roberto.

c

> Mi piacerebbe tanto venire ma andrò a vederlo domani sera con i miei genitori. Perché non vieni con noi? Un bacio, Teresa.

d

> Questa è un'idea geniale. Mi piace molto mangiare fuori. Possiamo fare più presto però, verso le 7.30? Se vuoi, ti posso venire a prendere con la macchina. Dammi un colpo di telefono domani mattina. Sarò a casa fino alle 11.00. Ciao, Elena.

Invitare qualcuno

Cosa vuoi fare? *What do you want to do?* Ti va di uscire? *Do you fancy going out?* Perché non andiamo lì? *Why don't we go there?*	
Hai voglia di andare *Do you feel like going* Ti va di andare *Do you fancy going* Ti piacerebbe andare *Would you like to go* Vuoi andare *Do you want to go* Cosa ne dici di andare *What about going*	alla partita *to the match?* a teatro *to the theatre?* al cinema *to the cinema?* al ristorante *to the restaurant?* alla mostra *to the exhibition?* in discoteca *to the disco?*

Accettare un invito

D'accordo *All right*
(Mi pare/mi sembra) una buon'idea *(It seems) a good idea.*
Che buon'idea! *What a good idea!*
È un'idea geniale. *It's a brilliant idea.*
Con piacere. *I'd be delighted*

Rifiutare un invito

Che peccato! *What a pity!*
Mi dispiace, ma sono impegnato/a *I'm sorry but I'm busy*
Non posso (andare/venire) *I can't (go/come)*
Ho già altri impegni *I've already got other commitments*
Ho già qualcosa in programma per quella sera/quel giorno *I've already got something else planned for that evening/that day*
Forse un'altra volta *perhaps another time*
Non mi va di uscire *I don't fancy going out*
Non ho (abbastanza) soldi *I don't have any (enough) money*
Sono (completamente) al verde *I'm (completely) broke*

Tocca a te!

11 *a* Inviti un membro della classe a fare qualcosa. Devi spiegare cosa pensi di fare, quando, a che ora ecc.

b Rispondi in modo appropriato all'invito che ricevi dal membro della classe.

c Ripeti questa attività con altri membri della classe. Ogni volta l'invito deve essere per un'attività differente.

d Rispondi agli altri inviti che ricevi.

Un'attività culturale

12 Leggi la seguente lettera nella quale un
italiano parla di un film che ha visto.

FORLÌ 8/7/'99

Ciao Derek,

È da un secolo che continui a rompermi le scatole
per poter ricevere una mia lettera. E io non te
l'ho mai inviata.
Ora ti scrivo perché sono andato a vedere un
film favoloso. Pur essendo uscito qualche mese
fa non mi ero mai deciso ad andarlo a vedere.
L'altra sera sono uscito con due miei amici e
siamo andati all'ASTORIA, l'unica multisala di
Forlì, per goderci, indovina cosa? "La vita è bella"
di Benigni.

Noi credevamo si trattasse semplicemente di uno
dei "soliti grandi" film comici di Benigni. Siamo
invece rimasti strabiliati e profondamente colpiti
dalla grande umanità e dalla sottile ma tagliente
ironia che pervade tutto il film. Devi andarlo a
vedere anche tu e trascinare anche tua moglie
per i capelli, se non vuole venire.

Poiché tu lo devi ancora vedere non ti racconterò
nessun particolare. Devo confessarti che mi sono
anche commosso. Non è comunque un film solo
molto umano, ma equilibrato e ...intelligente.

Un caro saluto a te e a tua moglie nella speranza
di rivedervi presto. Fammi poi sapere cosa pensi
di questo film di Benigni.

Adesso indica la parola o espressione che corrisponde meglio al significato delle espressioni usate nella lettera.

1 *È da un secolo*
   a è da poco tempo *b* è da molto tempo
   c è da alcuni anni

2 *rompere le scatole a qualcuno*
   a far ridere una persona *b* rompere qualcosa in casa *c* dare fastidio a qualcuno

3 *inviare*
   a ricevere *b* recapitare *c* spedire

4 siamo rimasti *strabiliati*
   a tristi *b* contenti *c* stupiti

5 *trascinare per i capelli*
   a costringere ad andare *b* incoraggiare
   c tagliarsi i capelli

☞ Tocca a te!

13 Scrivi una lettera a un/una amico/a italiano/a in cui racconti un film che hai visto, un libro che hai letto oppure un programma televisivo che hai guardato ultimamente. Non dimenticare di esprimere le tue opinioni e di descrivere, se possibile, i personaggi o gli attori principali.

✎ Parole ed espressioni utili

La settimana scorsa sono andato/a a vedere . . . *Last week I went to see . . .*
A mio parere/secondo me . . . *In my opinion . . .*
È stato un film (molto) tragico/comico/commovente/sconvolgente *It was a (very) tragic/funny/moving/disturbing film*
Sono rimasto/a strabiliato/a . . . commosso/a . . . sonvolto/a *I was amazed/moved/upset*
Sono rimasto/a profondamente colpito/a dalla trama/dalla fine *I was profoundly struck/impressed by the plot/the end*
Il programma televisivo trattava di . . . *The television programme was about . . .*
Il film/il libro mi è piaciuto molto perché . . . *I liked the film/the book a lot because . . .*
Gli attori erano molto bravi soprattutto . . . *The actors were very good especially . . .*
Alcuni giorni fa ho finito di leggere un libro favoloso . . . *A few days ago I finished reading a fabulous book . . .*
Sono scoppiato/a a ridere/piangere quando . . . *I burst out laughing/crying when . . .*
Non ho potuto trattenermi dal ridere/piangere quando . . . *I couldn't keep from laughing/crying when . . .*

Una festa di compleanno

14 Ricevi il seguente invito ad una festa di
compleanno di un amico italiano.
Rispondi all'invito.

Ciao
Come stai?
Spero bene.

È un po' di tempo che non ci sentiamo.
Ho pensato di scriverti perché ho una buona notizia.
Il 25 luglio è un giorno molto importante per me.
Compirò diciotto anni e i miei genitori organizzeranno una grande festa nel cortile davanti a casa nostra.
Voglio invitare tutti i miei amici. Allora, cosa ne pensi? Puoi venire?
Dato che è estate potrai fermarti qui da noi per qualche settimana.
Se ti va l'idea, fammi sapere il più presto possibile.
A proposito, quando è il tuo compleanno?
Tanti saluti a te e ai tuoi.
Il tuo caro amico Giovanni

Rispondi all'invito

 ## Parole ed espressioni utili

Ti ringrazio per il gentile invito *I thank you for the kind invitation*
Grazie per l'invito alla festa di compleanno *Thanks for the invitation to the birthday party*
Penso di poter venire *I think I can come*
Purtroppo non posso accettare il tuo gentile invito *Unfortunately I can't accept your kind invitation*
Mi piacerebbe tanto venire ma *I would love to come but*
Non so se potrò venire *I don't know if I shall be able to come*
Ti farò sapere qualcosa fra qualche settimana *I shall let you know in a few weeks*

GIOVANNI
TANTI AUGURI
BUON COMPLEANNO
BUON DIVERTIMENTO

MI RACCOMANDO, NON BERE E
NON MANGIARE TROPPO!!

JAMES

Le vacanze

Paesi e capitali

1 In quali Paesi europei si trovano le seguenti capitali. Scegli il Paese dall'elenco qui accanto e completa ogni frase. Attenzione! Ci sono più Paesi che capitali!

Francia	Spagna	Galles	Svizzera
Austria		Italia	Olanda
Germania	Scozia	Portogallo	
Inghilterra	Belgio	Danimarca	Irlanda

a Roma è in ....
b Londra è in ....
c Parigi è in ....
d Cardiff è in ....

e Amsterdam è in ....
f Madrid è in ....
g Berna è in ....
h Edimburgo è in ....

Che cosa intendi fare durante le vacanze?

2 Con l'aiuto delle immagini qui sotto scrivi alcune frasi per spiegare come intendi passare le vacanze.

Per esempio: Quest'anno vado in vacanza in Italia con la mia famiglia. Abbiamo intenzione di passare due settimane al mare. Andiamo in macchina e vogliamo affittare un appartamento al mare.

Parole ed espressioni utili

Periodo dell'anno			Paese
Quest'anno *This year* Quest'estate *This summer* A Pasqua *At Easter* A luglio/A settembre *In July/September*	vado/andiamo *I'm/We're going*	in *to*	Inghilterra *England* Italia *Italy* Spagna *Spain* Francia *France* Galles *Wales* Portogallo *Portugal* Svizzera *Switzerland*
		negli *to the*	Stati Uniti *United States*

Per quanto tempo e dove?

Ho/Abbiamo intenzione di passare *I/We intend to spend*	alcuni giorni *a few days* una settimana *a week* due settimane *two weeks* il fine settimana *the weekend* le vacanze *the holidays*	sulla costa *on the coast* in montagna *in the mountains* in campagna *in the country(side)* nel nord/sud *in the north/south* nell'est/ovest *in the east/west* all'estero *abroad* al mare *at the seaside*

Con chi?

con *with*	la mia famiglia *my family* i miei genitori *my parents* i miei parenti *my relatives* i miei amici *my friends* i miei nonni *my grandparents* mia moglie *my wife* mio marito *my husband*

Mezzo di trasporto

Vado/Andiamo *I'm/We're going*	in *by*	macchina *car* pullman *coach* treno *train* aereo *plane* nave *boat* traghetto *ferry*

Sistemazione

Ho/Abbiamo intenzione di *I/We intend to* Voglio/Vogliamo *I/We want to*	stare in albergo/in una pensione/in un ostello della gioventù *stay in a hotel/guest house/youth hostel* fare campeggio *camp* affittare una casa/un appartamento *rent a house/flat*

Cartoline

3 Leggi le seguenti cartoline scritte da amici italiani che sono in vacanza.

Venezia

Pisa

Caro Mark

Sono in un campeggio a Lido di Jesolo, vicino a Venezia, con la mia famiglia. Il tempo è bello e fa molto caldo. Ogni giorno faccio il bagno nel mare e gioco a pallavolo in spiaggia. Alla sera guardo la televisione o vado in discoteca.

Un bacio
Silvia

Mark Walsh
36 Daisy Avenue
Durham
D61 3WN
Inghilterra

Ciao Jenny

Qui a Viareggio il tempo è bellissimo e fa
un caldo da morire. Ogni giorno andiamo
in spiaggia e facciamo tanti bagni. Dobbiamo
affittare un ombrellone perché non possiamo
stare sempre al sole. Di sera andiamo a
mangiare in pizzeria o al ristorante vicino
alla nostra pensione. Ancora tre giorni e
la nostra vacanza sarà finita, purtroppo.
La mia ragazza, Elena, torna a lavorare lunedì
prossimo. Che peccato!

Sig. J Mitchell
21, Morgan Avenue
Bristol B73 5HK
Inghilterra

Pisa
Finalmente siamo arrivati a Pisa dopo
un lungo viaggio in macchina. Fa un caldo
torrido! Pisa è bellissima. Piazza dei miracoli
è veramente un miracolo: con il Battistero,
il Duomo e la torre pendente. Domani
andremo a Firenze a trovare Marco ed
Elisabetta. Rimarremo lì per 4 giorni e poi
torneremo a casa. Ti pensiamo molto. Tanti
saluti da Fiore e Elvira

Derek Most
Sunny Cottage
Dawson Close
Torquay
TQ4 8JN
Inghilterra

4 Adesso completa dove possibile la seguente tabella.

	Cartolina 1	Cartolina 2	Cartolina 3
1 **Dove?**	Lido di Jesolo, Venezia. In campeggio		
2 **Con chi?**			
3 **Tempo**			
4 **Attività di giorno**		vanno in spiaggia	
5 **Attività di sera**			

5 Qui sotto c'è un elenco di espressioni che puoi utilizzare per descrivere le attività, il tempo, la sistemazione e i mezzi di trasporto. Leggi l'elenco, poi scrivi ogni espressione sotto la categoria giusta, come nell'esempio.

attività	tempo	sistemazione	mezzi di trasporto
andare in spiaggia			

piove   giocare a tennis   ascoltare la musica   pescare   prendere il sole   in macchina

la pensione   tira vento   fare il windsurf   in pullman   giocare a carte

andare in spiaggia   fa molto caldo   l'albergo   guardare la televisione   fa freddo   fare un giro in barca

in aereo   da amici   in un campeggio   fare una passeggiata   in nave   l'ostello della gioventù

andare a teatro   presso una famiglia   fare il bagno   in bicicletta

☞ Tocca a te!

6 Adesso scrivi due cartoline ai tuoi amici italiani, utilizzando le informazioni qui accanto. Se preferisci, puoi usare un po' di immaginazione e inventare tutti i dettagli. Però, prima di scrivere, rileggi le tre cartoline (vedi pagina 71, esercizio 3) e le varie attività.

1 **Dove?**	Roma. In un campeggio	Rimini, in albergo
2 **Chi?**	io e due amici	la famiglia
3 **Tempo**	freddo, piove	molto caldo
4 **Attività di giorno**	monumenti/musei	andare in spiaggia prendere il sole fare il bagno
5 **Attività di sera**	andare in pizzeria andare al bar	andare al cinema andare in discoteca fare una passeggiata

Parole ed espressioni utili

Che cosa hai in programma? *What do you have planned?*

| Oggi *Today* Stamattina *This morning* Oggi pomeriggio *This afternoon* Stasera *This evening* | vado/andiamo *I am/we are going* | in spiaggia *to the beach* a prendere il sole *to sunbathe* a fare il bagno *for a swim* a fare una gita in barca *for a boat trip* a fare una gita in pullman *on a coach trip* |
| | noleggio/noleggiamo *I am/we are hiring* | una macchina *a car* una bicicletta *a bike* una barca *a boat* |

Che cosa hai fatto?

L'altro giorno *The other day* Ieri *Yesterday* Ieri sera *Yesterday evening* Stamattina *This morning* Tre giorni fa *Three days ago*	sono andato/a *I went* siamo andati/e *we went*	in città *to town* a vedere i monumenti *to see the monuments* a visitare il centro storico *to visit the historic centre* a Firenze/Venezia *to Florence/Venice*
	ho/abbiamo comprato *I/we bought*	dei regali/souvenir *some presents/souvenirs*
	ho/abbiamo fatto *I/we took*	molte foto/diapositive *lots of photos/slides*

Il tempo

| Fa *The weather is* Ha fatto *The weather has been* | bel tempo *good* brutto tempo *bad* caldo/freddo *hot/cold* un caldo da morire *boiling hot* un freddo da morire *bitterly cold* |
| Tira vento/ha tirato vento Piove/è piovuto | *It's windy/it has been windy* *It's raining/it rained* |

7 Copia la seguente cartolina nel tuo quaderno e, al posto dei disegni, scrivi le parole adatte per completarla.

Ciao

Sono in vacanza in  con i miei amici.

.. e andiamo ogni giorno in ..  .. L'altro giorno abbiamo fatto una gita a

Ravenna e ..  .. Abbiamo anche comprato dei regali

 per i nostri genitori. Domani, se fa bello abbiamo

intenzione di  e visitare la regione.

Tanti saluti a presto.

L'albergo

Richiesta d'informazioni

 Parole ed espressioni utili

Desidero/Vorrei *I would like*	una pianta della città *a street map of the town* una carta geografica della zona *a map of the area* un elenco degli alberghi, dei campeggi/ristoranti *a list of hotels/campsites/restaurants*
Può/Potrebbe mandarmi *Can/could you send me*	un orario degli autobus/dei treni? *a bus/train timetable?* un opuscolo/dépliant con informazioni sulla regione/zona/sui luoghi di interesse culturale? *a brochure with information about the region/area/the places of cultural interest?*

I mesi

gennaio *January*	luglio *July*
febbraio *February*	agosto *August*
marzo *March*	settembre *September*
aprile *April*	ottobre *October*
maggio *May*	novembre *November*
giugno *June*	dicembre *December*

Che tipo di camera?

Desidero/Vorrei prenotare *I want/would like to book*	una camera singola *a single room* una camera doppia/ matrimoniale *a double room* una camera a due letti *a twin-bedded room*	con *with*	bagno *bathroom* doccia *shower* lavabo *washbasin* balcone *balcony* vista sul mare *a sea view*

Per quando? Per quante notti?

Per *For*	due notti *two nights* una settimana *a week* due settimane/ una quindicina di giorni *a fortnight*	dal *from the*	primo *first* due *second* tre *third* etc	al *to the*	nove *ninth of* dieci *tenth of*	maggio *May* agosto *August*
Nota: dall'otto all'undici *from the eighth to the eleventh*						

I pasti

Desidero/Vorrei *I would like*	mezza pensione *half board* pensione completa *full board*

Cosa desideri?

8   Utilizza i disegni e i brevi dettagli qui
sotto per descrivere il tipo di camera che
desideri in un albergo e il numero di
notti.

Per esempio:

a 8/10

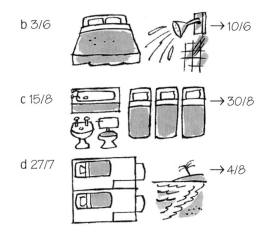

b 3/6 → 10/6

c 15/8 → 30/8

d 27/7 → 4/8

**Desidero una camera
singola con lavabo per
cinque notti dall'otto al
dodici ottobre per favore.**

Prenotare una camera in albergo

Weymouth, 2 gennaio 2000

Egr. Sig. Direttore
Albergo Jolly
Via Felice
19000 La Spezia

Egregio Signor Direttore

verrò a La Spezia con la mia famiglia per dieci giorni nel mese di agosto e vorrei prenotare una
camera matrimoniale con bagno e una singola con doccia. Arriveremo la sera del 12 agosto.
Prima di confermare la prenotazione potrebbe mandarmi informazioni sui Vostri prezzi, per
pensione completa e per mezza pensione, comprese le tasse e il servizio? Inoltre La prego di
mandarmi informazioni sulla città.

In attesa di una Sua cortese risposta, Le porgo i miei più distinti saluti

Ms Sophie Malone
Rose Cottage
Bramble Lane
Weymouth
Dorset

Sophie Malone .

Confermare la prenotazione

Liverpool, 15 gennaio, 2000

Egregio Sig. Direttore

In seguito alla nostra conversazione telefonica di ieri sera, Le scrivo per confermare i dettagli della prenotazione.

Desidero una camera matrimoniale con bagno e una camera a due letti con doccia per sette notti, dal primo al 7 luglio. Vorremmo mezza pensione. Sarebbe possibile avere una delle camere con balcone e vista sul mare?

La ringrazio per le informazioni sui prezzi delle camere e per la pianta della città. Non vediamo l'ora di venire in Italia. Per me e la mia famiglia sarà la prima volta.

Distinti saluti

Fred Dodd

---

9 Leggi la lettera di Fred Dodd e completa la seguente tabella.

Nome del cliente: Fred
Cognome: ..(1)..
Numero di notti: ..(2)..
Numero di camere richieste: ..(3)..
Tipo di camera: ..(4)..

Mezza pensione/pensione completa: ..(5)..
Data di arrivo: ..(6)..
Data di partenza: ..(7)..
Altri requisiti: ..(8)..

Chi lo dice?

10 Leggi un'altra volta le due lettere (Prenotare una camera e confermare la prenotazione) e scrivi accanto alle seguenti frasi il nome della persona a cui si riferiscono. Devi scrivere **S** (Sophie), **F** (Fred), **tutte e due** (le persone) o **nessuna** (delle due persone).

a Ha parlato al telefono.
b Desidera una camera singola con doccia.
c Desidera ricevere informazioni sui prezzi
d La famiglia arriverà alla fine del mese.
e La famiglia vuole la mezza pensione.
f Scrive per confermare la prenotazione.
g Prenota le camere per due settimane.
h La famiglia non è mai stata in Italia.

📬 Tocca a te

11 Hai intenzione di andare in Italia con la tua famiglia (o con i tuoi amici) quest'estate, dal 15 al 29 luglio. Scrivi una lettera all'albergo per prenotare le camere necessarie. Desideri mangiare solo la prima colazione e la cena nell'albergo. Vuoi sapere il costo complessivo. Non dimenticare di rileggere le lettere qui sopra e le parole ed espressioni utili.

★★★
HOTEL KRISS INTERNAZIONALE

Lungolago Cipriani, 3
Tel. 045/6212433
Fax 045/7210242

Terrazza naturale sul lago di Garda. Ville e appartamenti con giardino, terrazzo e posto macchina. Ristorante. Minigolf.

Natural terrace overlooking Lake Garda. Bungalows and apartments with gardens, terraces and parking lots. Restaurant with excellent local cuisine. Minigolf.

20 App. - ✕ 🍴 🏠 P 🏧 🕳 👩 🏰 🔁 🄲

★★★
ALBERGO VILLA LETIZIA

Lungolago Cipriani, 2
Tel. 045/7210012-7210650
Fax 045/6210165

Familiarità, calore, professionalità e buona cucina sono una certezza all'hotel Bologna di Andreoli Ludovico. Dista 100 metri dal lago.

You are sure to find friendliness, warmth, professionalism and good cooking at the hotel of Ludovico Andreoli, only 100 metres from the lake.

(21-40) B. 21 - ✕ 🍴 🕳 ☎ P 🔁 🏰 🄵

Il campeggio

Una lettera al campeggio

Torquay, 14 marzo

Spettabile Direzione

Desidero trascorrere cinque giorni a Firenze con la mia famiglia quest'estate.

Vorrei sapere se avete una piazzuola per una roulotte e una tenda dal sette all'undici agosto. Siamo in cinque – due adulti e tre ragazzi. Mi potreste mandare una lista dei prezzi per cortesia? Inoltre vorrei sapere se il campeggio ha un ristorante, un supermercato e un parcheggio custodito. Quali attività ci sono per i giovani? Ci sono campi da tennis o una piscina per esempio?

Vi ringrazio in anticipo,

Distinti saluti

John Guy

Parole ed espressioni utili

{ C'è posto per *Do you have room for* { C'è una piazzuola per	una roulotte? *a caravan?* un camper? *a motor home?* una tenda? *a tent?*
C'è/Ci sono *Is there/Are there*	docce con acqua calda? *hot showers?* un ristorante? *a restaurant?* un supermercato? *a supermarket?* un parcheggio custodito? *supervised parking?* attività per i giovani? *activities for young people?* una piscina? *a swimming pool?* campi da tennis? *tennis courts?* una sala da giochi? *a games room?*

 ## Tocca a te!

12 Hai in programma di andare in campeggio in Italia quest'estate con un gruppo di amici. Leggi le seguenti informazioni sui campeggi. Decidi quale preferisci e scrivi una lettera per prenotare il posto, specificando tutti i dettagli necessari.

★★★★
CAMPING LA QUERCIA

LAZISE
Loc. Bottona
Tel. 045/6470577
Fax 045/6470243

Il camping è situato direttamente a lago, dotato di ampia spiaggia di sabbia (attrezzata). Il terreno è degradante con fondo erboso ed alberatura fitta e media. Sport e attività varie, bazar, animazione; campo sportivo, maneggio.
This camping site is right by the lake, with a big sandy beach. It slopes down to the lake with grass and trees. It is ideal for your holiday and sporting activities. Animation, sportsground and riding-centre.
Mq. 100.000 - 700⚐ - 🔲🔲✕🍴🔲🔲🔲🔲🔲🔲

★★
CAMPING DU PARC

LAZISE
Loc. Sentieri
Tel. 045/7580127
Fax 045/6470150

Il campeggio è situato in zona tranquilla, degradante verso il lago, con spiaggia privata, a 500 metri dal centro di Lazise. Bungalow.

Our camping site is situated in a quiet area, sloping down to the lake with a private beach, 500 metres from Lazise. Bungalow.

Mq. 45.000 - 280⚐ - 🔲🔲✕🍴🔲🔲

Come hai trascorso le vacanze?

Firenze, 4 giugno

Cara Maria
mi dispiace di non aver risposto prima alla tua lettera ma sono stata impegnata con i preparativi per le vacanze di quest'estate. Con i miei amici abbiamo deciso di trascorrere tre settimane in barca a vela. Ci siamo imbarcati l'8 agosto vicino a Genova, diretti per la Corsica, facendo però una piccola sosta all'isola di Capraia e, poi, sulla via del ritorno, all'isola d'Elba. È stato molto entusiasmante e divertente. La Corsica è molto bella e l'acqua è incredibilmente azzurra e pulita. Siamo andati tutti molto d'accordo pur essendo stati più di venti giorni stretti stretti su una barca di 14 metri. Credo sia stato un miracolo! Ho mangiato tanto pesce e mi sono abbronzata come non era mai successo. Sai in barca a vela il sole è inevitabile. E le tue vacanze, come sono andate? Hai già ricominciato a lavorare? Io sono già stanca e vorrei ripartire subito!

Aspetto con ansia tue notizie. Tanti baci e abbracci

Margherita.

Cosa racconta Margherita?

13 Leggi la lettera di Margherita e abbina una frase della colonna A con quella adatta della colonna B. Le frasi intere descrivono alcuni punti chiave della sua lettera.

A	B
1 Non ha potuto scrivere prima	*a* si sono fermati in due altre isole.
2 È andata in vacanza	*b* tre settimane insieme.
3 Sono partiti	*c* perché è stata molto occupata.
4 A parte la Corsica	*d* andare di nuovo in vacanza.
5 Gli amici	*e* molto pesce.
6 Hanno trascorso	*f* la seconda settimana di agosto.
7 Ha mangiato	*g* con i suoi amici.
8 Vorrebbe	*h* sono andati d'accordo.

 **Tocca a te**

14 Adesso rispondi alla lettera di Margherita, descrivendo come hai trascorso le tue ultime vacanze ed utilizzando, se necessario, il seguente schema.

- Dove? (Paese, regione, città)
- Sistemazione (albergo, campeggio ecc., attrezzature)
- Durata della vacanza (una settimana/dieci giorni)

- Attività di giorno e di sera
- Tempo
- Opinione sulla vacanza

 Parole ed espressioni utili

Ho/Abbiamo fatto campeggio *I/We camped*		
Sono stato/a *I stayed* Siamo stati/e *We stayed*	in *in*	un albergo *a hotel*
C'era tanto da fare, per esempio *There was so much to do, for example*		
Di mattina *In the morning* Di pomeriggio *In the afternoon* Di sera *In the evening*	sono andato/a in spiaggia *I went to the beach* abbiamo fatto una gita in barca *we went for a boat trip* siamo andati a mangiare in un ristorante *we went to eat in a restaurant*	
La vacanza mi/ci è piaciuta tanto Mi sono divertito/a un mondo Ci siamo divertiti/e tantissimo	*I/We liked the holiday so much* *I had a whale of a time* *We enjoyed ourselves so much*	
Non vedo/vediamo l'ora di tornare l'anno prossimo *I am/We are looking forward to going back next year*		
(Vedi anche **parole ed espressioni utili** a pagina 74)		

Un invito

15 Leggi la seguente lettera dalla tua amica italiana nella quale ti invita a passare le vacanze di Natale con lei.

Cara Luana,
è passato molto tempo dall'ultima volta che ci siamo viste. Ho tanta voglia di passare qualche giorno con te. La scuola è appena iniziata, ma io sto già progettando le vacanze di Natale e avrei un immenso piacere se tu accettassi l'invito di trascorrere insieme. Potresti venire a casa mia e ti assicuro che ci divertiremmo tantissimo. Qua le discoteche abbondano, la gente è simpatica e poi io frequento una cerchia di amici che non vedono l'ora di conoscerti, perchè io parlo spesso di te. Con loro ci divertiremo perchè in genere organizzano feste da sballo, soprattutto per il periodo natalizio. Spero tanto che tu accetti la mia proposta. Rispondimi presto.
Bacioni   Rossella

Adesso trova nella lettera l'equivalente delle seguenti parole o espressioni.

a è cominciata
b sto programmando
c sarei molto contenta
d passare le vacanze
e sono tante

f esco con
g un gruppo
h di solito danno
i eccezionali

Tocca a te!

16 Adesso rispondi alla sua lettera, accettando o rifiutando l'invito.

Parole ed espressioni utili

Acettare un invito

Ti ringrazio tanto per il tuo gentile invito *I thank you so much for your kind invitation*
Penso proprio di poter venire perché *I really think I shall be able to come because*
Non vedo l'ora di incontrare i tuoi amici *I'm looking forward to meeting your friends*
Sono sicuro/a che ci divertiremo un mondo *I am sure that we will have a very good time*
Spero di partire *I hope to leave*

Rifiutare un invito

Purtroppo non posso accettare il tuo gentile invito *Unfortunately I can't accept your kind invitation*
Come puoi immaginare, mi piacerebbe tanto venire *As you can imagine, I would love to come*
Mi è proprio impossibile venire a Natale perché *It's really impossible for me to come at Christmas because*
Ho tanta voglia di venire a trovarti ma purtroppo *I so much want to come and see you but unfortunately*
Se l'avessi saputo prima *If I had known before*

Un oggetto smarrito

17 La persona che ha scritto la seguente lettera ha un problema. Puoi identificarlo?

Manchester, 27 settembre 2000

Egregio Signor Piselli
Albergo Sole
Corso Cavour
Taormina
Italia

Egregio Signore

Ho passato una settimana nel Suo albergo dal 17 al 24 agosto con mia moglie e mia figlia. La ringrazio per la Sua ospitalità e gentilezza. È stata una vacanza veramente indimenticabile.

Appena rientrata in Inghilterra mia figlia si è resa conto di aver dimenticato nell'albergo la sua macchina fotografica. Vorrei sapere se qualcuno l'ha per caso ritrovata nella camera 232.

In caso affermativo gradirei sapere se potesse cortesemente spedirmela per posta. Le rimborserò subito le spese postali.

Le chiedo scusa del disturbo e, rimanendo in attesa di una Sua risposta, Le porgo i miei più distinti saluti.

William Marsh

Mr William Marsh
21 Lansdowne Road
Manchester
ME4 5GS
Inghilterra

Cosa hai perso?

Ho lasciato/ho dimenticato *I have left/I left* Ho perso/ho perduto *I have lost/I lost*	una macchina fotografica *a camera* un paio di occhiali (da sole) *a pair of glasses (sun)* una giacca *a jacket* il mio walkman *my walkman* il mio orologio *my watch* un braccialetto d'oro *a gold bracelet* un paio di orecchini *a pair of earrings* il mio telefonino *my mobile phone* il mio passaporto *my passport* la mia borsa *my handbag*

Tocca a te!

18 Appena tornato/a casa dopo le vacanze ti rendi conto di aver dimenticato qualcosa in albergo (in un campeggio). Scrivi una lettera alla direzione dell'albergo (del campeggio) per spiegare quello che hai perso.

Le Feste

Gli auguri

 Parole ed espressioni utili

Buona fortuna	*Good Luck*
In bocca al lupo	*Good Luck*
Congratulazioni	*Congratulations*
Complimenti	*Well Done*
Buon divertimento	*Enjoy yourself*
Buone vacanze	*Enjoy your holiday*
Buona giornata	*Have a nice day*

Oggi	*Today*		
Domani	*Tomorrow*	è festa	*is a holiday*
Dopodomani	*The day after tomorrow*		

Perché non	andiamo in spiaggia? *we go to the beach?*
Why don't	usciamo da qualche parte? *we go out somewhere?*
	facciamo qualcosa di speciale? *we do something special?*

---

1 Leggi l'e-mail che Franca ha mandato ai suoi amici e la risposta di Anna e di Sandro:

> Ciao, domani è festa. Perché non usciamo da qualche parte? Potremmo andare in spiaggia. Franca

> Ciao Franca, Grazie del messaggio. Mi dispiace tanto, ma non posso andare in spiaggia domani. Vado in campagna con degli amici di scuola. Ti darò un colpo di telefono dopodomani. Sandro

Cara Franca, grazie dell'invito. Mi piacerebbe molto andare in spiaggia domani. Dove ci incontriamo e a che ora?
A presto,
Anna

Rispondi alle seguenti domande.

a Qual'è l'invito di Franca?
b Cosa chiede Anna?
c Perché Sandro non può accettare l'invito?

Tocca a te!

2 Domani è un giorno di festa. Scrivi un e-mail per invitare un amico/una amica a fare qualcosa di speciale. Suggerisci il luogo e l'ora dell'incontro.

Il compleanno

Auguri a te!
Auguri a te!
Auguri, auguroni!
Auguri a te!

Milano, 4 giugno

Caro Roberto,

prima di tutto voglio ringraziarti del bel libro che mi hai mandato e che è arrivato ieri mattina, proprio il giorno del mio compleanno! Come hai fatto a sapere che mi piacciono i libri gialli? Piacciono forse anche a te?

Ora voglio raccontarti come ho passato la giornata di ieri, che è stata proprio bellissima. Appena sveglio ho aperto i biglietti di auguri: ne ho ricevuti 20. Poi è stata la volta dei regali: i miei genitori mi hanno dato un orologio e mia sorella Claudia un paio di scarpe da tennis; mi saranno molto utili quest'estate in vacanza quando farò una partita tutti i giorni. Tu fai dello sport? Quale preferisci?

Mia madre ha cucinato il cibo che avevo scelto io: prosciutto e melone, lasagne e fragole al limone. Fortunatamente ieri era sabato e nel pomeriggio non ho dovuto studiare così abbiamo visto un vecchio film americano: Titanic. L'hai mai visto? Vedi dei film italiani in Inghilterra? Qual è il migliore film che tu abbia mai visto?

Ti mando tanti auguri per il tuo compleanno, che è fra una settimana, e scrivimi come l'hai passato.

Ciao

Gino

Tocca a te!

3 Scrivi una lettera a Gino per descrivere come hai passato il tuo compleanno. Rispondi alle domande di Gino. Spiega quando è stato il tuo compleanno, i regali che hai ricevuto, dove e cosa hai mangiato e come e con chi hai festeggiato.

Parole ed espressioni utili

l'onomastico	*Saint's day (corresponding to person's name)*	
Buon compleanno	*Happy birthday*	
Tanti auguri	*Best wishes*	
	è	il 26 aprile
	is	*26th April*
Il mio compleanno	è stato	sabato scorso
My birthday	was	*last Saturday*
	sarà	la settimana prossima
	will be	*next week*
Ho ricevuto		
I received		molti regali *lots of presents*
Mia sorella mi ha dato		un CD *a CD*
My sister gave me		dei soldi *some money*
I miei mi hanno dato		dei vestiti *some clothes*
My parents gave me		

Parole ed espressioni utili

Vigilia di Natale	*Christmas Eve*
Natale	*Christmas*
Santo Stefano	*Boxing Day*
Capodanno	*New Year's day*
Epifania	*Epiphany (6th January)*
I 3 Re Magi	*The Magi/the 3 Wise Men (who visited Jesus on 6th January)*
Buon Natale	*Merry Christmas*
Buon anno/Felice anno nuovo	*Happy New Year*

4 L'Italia è un Paese cattolico e molti italiani festeggiano la nascita del bambino Gesù. A scuola i bambini cominciano a scrivere messaggi a Gesù, come questo di Antonio:

> *Caro Gesù Bambino, aiutami ad essere buono.*
> *Se puoi, portami un bel regalo. Io ti amo tanto.*
> *Antonio*

Con l'influenza dell'America ed altri Paesi, Babbo Natale è diventato molto importante:

> Caro Babbo Natale,
> Mi chiamo Rosaria e ho sette anni. Mia mamma dice che sono sempre tanto brava. Ti scrivo sempre a Natale e quest'anno vorrei riavere una bambola. Grazie tante per il regalo che mi hai portato l'anno scorso. Era un libro pieno di fiabe per bambini.
> Non so quante volte l'ho già letto. Lascerò aperta la porta della mia camera da letto, così puoi mettere il regalo in fondo al mio lettino. Sai dove abito, vero?
> Ciao Rosaria

La Befana è conosciuta dai bambini perché porta i regali nella notte dell'Epifania. È per la Befana che i bambini appendono le calze, non per il Natale . Il nome "Befana", infatti, viene dalla parola greca per "Epifania", la festa che commemora la visita dei tre Re Magi a Gesù bambino. La Befana, al contrario di Gesù Bambino, conserva un'immagine quasi da strega. A chi non è stato buono, la Befana porta il carbone!

La Befana

A chi si riferiscono le affermazioni seguenti? Scrivi **G** (= Gesù) o **B** (= Befana) o **BN** (Babbo Natale) accanto a ciascuna.

a Ha portato un libro a Rosaria l'anno scorso.
b Porta il carbone ai bambini cattivi.
c Deve portare un regalo ad Antonio.
d È bambino.
e Arriva la notte dell'Epifania.

Leggi queste due lettere:

Ascoli, 11 dicembre

Ciao!

è quasi Natale. Nel salotto c'è già l'albero di Natale. Tra i rami ci sono le palline colorate e le luci. Nel nostro presepio ci sono Gesù Bambino, la Madonna, San Giuseppe, un bue e un asino. Un pastore porta una pecorella a Gesù bambino.

Antonella

Napoli, 1 gennaio

Caro Antony

È il nuovo anno. In tutte le case si vede il calendario nuovo.

I Re Magi arrivano sui loro cammelli dai paesi del sole. La notte dell'Epifania i bambini mettono il fieno sul balcone per i cammelli e la mattina, al posto del fieno, trovano i doni.

La Befana arriva con la neve e con il gelo. Cammina sui tetti. Tiene i doni in un sacco.

Non vedo l'ora che arrivi!

Ciao,

Carlo

5 Completa le frasi con una parola adatta dalle lettere di Antonella o di Carlo:

a A casa di Antonella c'è un .... di Natale.
b Tra i rami dell'albero si vedono le .... colorate e le ....
c Nel presepio ci sono Gesù Bambino, la .... e San Giuseppe.
d Gesù Bambino riceve una .... da un pastore.
e I Re Magi viaggiano sui ....
f La .... porta i doni ai bambini.
g Carlo non vede l'ora che .... la Befana.

Leggi questa lettera:

Padova, 13 dicembre

Caro Ian,

come stai? Io sto molto bene, forse perché è quasi finita la scuola e si avvicinano le vacanze di Natale. Io, purtroppo, rimarrò a Padova durante le festività ma pensavo che sarebbe fantastico rivederti. Ci divertiremmo un sacco. I miei genitori ci porteranno o a Firenze o a Venezia. La vigilia di Natale gli adulti vanno alla Messa di Mezzanotte. Il giorno di Natale i miei parenti si riuniscono per il pranzo. Mangeremo il fagiano arrosto. Come dolce mangeremo il panettone e si berrà lo spumante.

Ci sarà anche la festa di Capodanno, insomma sarebbe un'esperienza magnifica!

Parlane con i tuoi genitori! Scrivimi presto, perché sono ansioso di sapere la tua risposta.

Ciao

Marco

☞ **Tocca a te!**

6 Scrivi una lettera a Marco. Purtroppo i tuoi genitori vogliono che tu rimanga a casa durante le feste natalizie, ma dicono che puoi andare a Padova per festeggiare Capodanno con Marco.

Parole ed espressioni utili

Ti ringrazio tanto per l'invito	*Thank you for the invitation*
Mi farebbe tanto piacere venire ma	*I would love to come, but*
Purtroppo non posso accettare il tuo invito	*Unfortunately I cannot accept your offer*
Penso di poter venire a	*I think I can come at*
Non vedo l'ora di (venire)	*I'm looking forward to (coming)*

Leggi questa lettera:

> Padova, 15 febbraio
>
> Caro Stefano,
>
> Ti scrivo per raccontarti delle mie vacanze natalizie. Il 27 gennaio sono andato a Cortina, che, come sai, è in montagna. Cortina è una bella cittadina, e abbiamo trascorso parecchie ore visitando i posti più interessanti. La nostra tipica giornata consisteva nello svegliarsi verso le 10 del mattino, fare una buona colazione nel bar di fianco all'albergo e poi sciare tutto il giorno fino alle quattro del pomeriggio. La cena in albergo era verso le otto di sera e si mangiava molto bene! Dalle dieci di sera fino alle tre o quattro del mattino andavamo in giro per le varie discoteche che ci sono a Cortina.
>
> Mi sono divertito moltissimo e spero di ritornarci l'anno prossimo.
>
> Saluti
>
> Roberto

7 Copia l'orario della giornata di Roberto nel tuo quaderno e completalo:

Ora	Cosa faceva Roberto?
10.00	faceva colazione
11.00–16.00	
20.00	
10.00–03.00	

 **Tocca a te!**

8 Adesso scrivi una lettera a Roberto in cui spieghi come hai passato una vacanza invernale.

9 Leggi questa lettera:

Bari, 10 dicembre

Cara Sarah,

ti scrivo questa lettera innanzitutto per farti i miei migliori auguri di un felice compleanno. 18 anni sono belli, vero?

Sta per arrivare il Santo Natale e qua in Italia si stanno facendo tutti i preparativi per questa meravigliosa festa: panettoni, spumante, dolci, addobbi, ecc . . . è stupendo!

Io avrei piacere se tu, per le vacanze di Natale, magari dal 22 o 23 dicembre fino al 2 o 3 gennaio venissi qui in vacanza.

Se tu venissi ci divertiremmo moltissimo: la mattina ci potremmo svegliare quando vogliamo, il pomeriggio potremmo girare per la città e guardare i negozi e la sera potremmo andare in discoteca oppure ad una festa: vero che a te le feste piacciono particolarmente?

Mi sembra di ricordare che qualche anno fa quando sei venuta qua ti avevo portato ad un pigiama-party: stupendo! Ci eravamo divertite un mondo! Comunque, chiedi ai tuoi e telefonami al più presto, mi piacerebbe parlarti e possibilmente metterci d'accordo per i preparativi e il viaggio. A presto.

Un grossissimo saluto

Silvia

Rispondi alle domande:

a Chi ha 18 anni?

b Perché Silvia parla di spumante e dolci?

c Dove potrebbe andare Sarah il 22/23 dicembre?

d Se Sarah ci andasse, cosa farebbe con Silvia durante il pomeriggio?

e Cosa potrebbero fare insieme la sera?

f Cosa hanno fatto insieme durante l'ultima visita?

Pasqua

 Parole ed espressioni utili

Pasqua	*Easter*	Il Venerdì Santo	*Good Friday*
La Settimana Santa	*Holy Week*	Il Sabato Santo	*Easter Saturday*
La Domenica delle Palme	*Palm Sunday*	La Domenica di Pasqua	*Easter Sunday*
Il Mercoledì Santo	*Ash Wednesday*	La Resurrezione	*The Resurrection*
Il Santissimo Sacramento	*Holy Sacrament*	Buona Pasqua	*Happy Easter*
Il Giovedì Santo	*Maundy Thursday*		

10 Leggi questa lettera:

Caltanissetta, 31 aprile

Cara Kate,

Grazie della tua lettera. Mi ha fatto piacere leggere come si festeggia la Pasqua in Gran Bretagna. Qui a Caltanissetta la Settimana Santa è caratterizzata da un sacco di processioni religiose!

La domenica delle Palme c'è una processione, il Mercoledì Santo c'è la solenne processione del Santissimo Sacramento. Il Giovedì Santo c'è un raduno in Piazza Garibaldi alle 18.00 e un'ora dopo c'è la processione dei Sacri Ministeri accompagnata da una banda musicale. Il giorno dopo, il Venerdì Santo, c'è un'altra processione dei vari ordini religiosi. Il Sabato Santo alle 20.00 c'è la sacra rappresentazione della Passione di Cristo. Per finire alle 10.00 della domenica di Pasqua c'è la processione per festeggiare la Resurrezione alla cattedrale.

I miei, come anche i genitori dei miei amici, invitano il prete per benedire la casa per l'anno che viene.

Non è tutto religioso: i bambini ricevono l'uovo di Pasqua con una sorpresa dentro. Nascondiamo spesso le uova di Pasqua nel giardino o nella casa e i bambini corrono per trovarle!

Un caro abbraccio

Maria Assunta.

Come si celebra Pasqua a Caltanissetta? Copia la tabella nel tuo quaderno e completala:

a. La domenica delle Palme	
b. Il Mercoledì Santo	
c. Il Giovedì Santo	
d. Il Venerdì Santo	
e. Il Sabato Santo	
f. La domenica di Pasqua	

☞ **Tocca a te!**

11 Ci sono delle processioni (religiose o non religiose!) nel tuo Paese? Scrivi una lettera a Maria Assunta per descrivere una processione che hai visto o alla quale hai partecipato.

I Sacramenti religiosi

 Parole ed espressioni utili

il Battesimo	*baptism*
la Prima comunione	*first communion*
la Cresima	*confirmation*
il matrimonio	*wedding*
i confetti	*sugared almonds*

I Sacramenti sono simboli che esprimono i momenti più importanti della vita dell'uomo:

 Il Battesimo: la nascita
La Cresima: la crescita
La Prima Comunione: la vita con l'Eucarestia
Il Matrimonio: l'amore

Il Battesimo, la Prima comunione e la Cresima

Tutti i parenti si riuniscono per festeggiare il Battesimo, la Prima comunione e la Cresima.

Ciao,
Mi chiamo Caterina Maria e questa è una foto del mio battesimo negli Abruzzi. Il mio compleanno è il 13 aprile. Sono nata a Pasqua. I miei padrini si chiamano Pasqualino e Pasqualina. Strano ma è vero! Il giorno del mio battesimo ho ricevuto un braccialetto da Pasqualino e una catenina da Pasqualina. Portavo un vestito bianco e faceva molto caldo. Pasqualina ha anche comprato le bomboniere e Pasqualino la torta.

Ciao, mi chiamo Anna Maria e questa è una foto della mia prima comunione. Tutte le ragazze dovevano vestirsi da suore e tutti i ragazzi dovevano portare pantaloni neri, camicia bianca e cravatta blu.

12 Hai mai visto un battesimo o una prima comunione nel tuo Paese? Descrivi questa esperienza.

Il Matrimonio

Le partecipazioni e gli inviti

È usanza inviare delle **partecipazioni** con almeno un mese di anticipo. Il cartoncino stampato deve essere il più semplice possibile, di colore bianco oppure color avorio.

Ecco un esempio di una partecipazione tradizionale:

Elisa Gabutti   *Enrico Viganò*

annunciano il loro matrimonio

Monza, 5 giugno 1999 - ore 15.00

Parrocchia S. Gerardo al Corpo - via S. Gerardo

Monza - via Bixio, 1

Monza   *Bresso*

via Bixio, 1   *via Papa Giovanni XXIII, 37*

I **cartoncini d'invito**, stampati nello stesso stile delle partecipazioni e su carta dello stesso colore, invitano i parenti e gli amici al ristorante dopo la cerimonia.

Elisa ed Enrico

dopo la cerimonia saranno lieti di salutare parenti ed amici presso

« Cascina Bullona »

strada Valle, 32

Pontevecchio di Magenta (Mi)

È gradita conferma

Un matrimonio costa molto! I costi vengono spesso divisi così:

Alla famiglia della Sposa spettano le seguenti spese:

- corredo personale e della casa
- partecipazioni ed inviti
- un regalo allo sposo in cambio dell'anello di fidanzamento
- bomboniere e confetti
- rinfresco nuziale
- fiori, addobbo floreale della Chiesa, organista o violinista, coro
- affitto dell'automobile per il trasporto dei propri testimoni e degli ospiti di riguardo
- la camera da letto, scelta personalmente dalla sposa

Alla famiglia dello Sposo toccano invece le seguenti spese:

- anello di fidanzamento
- le due fedi nuziali,
- automobile per il trasporto dei propri testimoni e se stesso
- bouquet della sposa

Enrico e Elisa

- un'offerta per la Chiesa, che il testimone consegnerà in busta chiusa al prete
- acquisto o affitto dell'appartamento
- mobili per l'arredamento
- viaggio di nozze

13 Indica con una crocetta la famiglia che deve pagare le seguenti spese.

	Famiglia della Sposa	Famiglia dello Sposo
a le bomboniere		
b i fiori in chiesa		
c il bouquet della sposa		
d la luna di miele		
e l'anello di fidanzamento		
f gli inviti		
g il coro		

Le bomboniere sono spesso sacchettini di tulle o pizzo e contengono tre o cinque confetti insieme ad un bigliettino con il nome degli sposi (prima il nome della sposa) e la data delle nozze.

I confetti sono bianchi (per un matrimonio o una prima comunione), e possibilmente di mandorla. I confetti devono essere sempre in numero dispari. In genere se ne danno cinque bianchi.

È usanza che gli sposi distribuiscano le bomboniere, poste all'interno di un cesto decorato, durante il ricevimento, spesso dopo il taglio della torta, oppure all'ingresso della sala. Da qualche anno c'è l'usanza, come forma di benvenuto, di far trovare un sacchettino con un solo confetto, nei posti degli invitati prima del loro arrivo. Rimane la tradizione di gettare il riso sugli sposi dopo la cerimonia.

14 Rispondi alle domande

a   Cosa sono esattamente le bomboniere?
b   Come sono i confetti?
c   Quanti confetti bisogna mettere in una bomboniera?

d   Come e quando vengono distribuite le bomboniere?
e   Perché si usa un sacchettino con un solo confetto?

☞ Tocca a te!

15 Hai mai partecipato ad un matrimonio nel tuo Paese? Scrivi una lettera ad un amico/una amica italiano/a per descriverlo. Se non hai partecipato ad un matrimonio, immagini di aver partecipato a questo matrimonio – la sposa si chiama Giuliana, lo sposo Raffaele.

Giuliana e Raffaele

Alcune feste nazionali

Buone Feste!	*Have a nice (bank) holiday!*
25 Aprile	*Liberation of Italy (1945)*
1° maggio	*May Day*
Ferragosto/La festa dell'Assunzione	*August Bank Holiday/Assumption Day*
Ognissanti/Tutti i Santi	*All Saints day (1st November)*

Il 25 aprile è l'anniversario della Liberazione d'Italia nel 1945, alla fine della seconda guerra mondiale. In quest'occasione si vede la bandiera italiana su tutti gli edifici pubblici e si fanno delle parate militari.

La festa dell'Assunzione o di Ferragosto viene celebrata il 15 agosto. In quel giorno si festeggia l'assunzione al cielo della Vergine Maria.

Il 1° maggio è la Festa del Lavoro. Spesso tutti i lavoratori sfilano per le strade e scendono in piazza.

La festa di Ognissanti o Tutti i Santi cade sempre il primo novembre. Tutti vanno al cimitero e mettono crisantemi o lumini sulle tombe dei loro cari.

16 Completa le frasi seguenti:

a   Il primo maggio si festeggia ………
b   Il 15 agosto si celebra ………

c   Il 25 aprile si festeggia ………
d   Il primo novembre si va ………

🗣 Tocca a te!

17 In quale giorno si celebra la festa nazionale più importante nel tuo Paese?

18 Ci sono feste religiose o civili nel tuo Paese?

19 Scegli una festa nazionale tipica e descrivila.

Il Palio di Siena

20 Leggi attentamente queste due lettere
che danno due opinioni diverse del Palio:

Siena, 7 gennaio

Caro Stephen,

Quando verrai a luglio ci sarà il Palio! Si tratta di una festa molto famosa in Italia e, credo, in tutto il mondo. Il Palio delle Contrade è la più famosa tra le manifestazioni popolari italiane. L'origine delle diciassette contrade risale al quindicesimo secolo. Ognuna di esse ha una propria sede, una propria chiesa, un museo con i Pali vinti, ed è governata da un «Seggio» (Consiglio). Le contrade si distinguono per i loro emblemi ed i loro colori.

Il Palio ha luogo due volte all'anno: il 2 luglio c'è il "Palio in onore alla Madonna di Provenzano" ed il 16 agosto il "Palio dell'Assunta". Le fasi del Palio iniziano 4 giorni prima con la "tratta" – che è la selezione di 10 cavalli e l'assegnazione per sorteggio alle dieci contrade partecipanti. Seguono le sei prove che hanno luogo la mattina e la sera.

Il giorno del Palio alle ore 15 il campanone richiama le contrade al raduno nel cortile del Podestà. Da lì partirà il corteo storico che sfilerà nella piazza del campo, dopo di che il campanone non suonerà più e lo scoppio del mortaretto darà il segnale per l'uscita dei cavalli.

Tutta la piazza segue con silenzio le fasi della corsa, la contrada vincitrice porta con orgoglio il "CENCIO" per le vie della città tra il rullo di tamburi e lo sventolare di bandiere.

Non vedo l'ora del tuo arrivo perché questa festa è davvero favolosa!

A presto,

Roberto

Siena 22 giugno

Cara Anna,
si avvicina la data del famoso Palio di
Siena - una corsa di cavalli che si svolge
due volte all'anno: il 2 luglio e il 6 agosto.
Molti Senesi affermano che Siena sarebbe
una città morta senza il Palio. Io no!
Sono dalla parte degli animalisti.
Noi crediamo che il massacro dei cavalli
che succede ogni anno sia crudele.
Nelle curve di Piazza del Campo spesso
i cavalli cadono, rimangono feriti e devono
quindi venire abbattuti.
Molte associazioni animaliste propongono
di far correre il Palio soltanto ai fantini
a piedi. Secondo me, sarebbe un'ottima
idea! Tu cosa ne pensi? T'interessi
di animali? Esistono nel tuo Paese
delle gare così pericolose in cui gli
animali muoiono?
    Scrivimi presto per farmi sapere
    le tue opinioni.
        Lucia

Rispondi alle domande seguenti:

a   Dove si svolge il Palio?
b   Quando si svolge?
c   Chi partecipa?
d   A che ora comincia?
e   Chi è a favore della gara? Perché?

f   Chi è contrario alla gara? Perché?
g   E tu, cosa pensi del Palio di Siena? Sei dalla parte dei Senesi o degli animalisti?
h   Rispondi alle domande di Lucia.

Tocca a te!

21 Scrivi una lettera ad un amico/una amica italiano/a. Descrivi una festa o uno sport tradizionale del tuo Paese che coinvolge animali. Quando si svolge? In che consiste?

Il Carnevale

Il Carnevale, che cade ogni anno a febbraio, è
celebrato nelle piazze d'Italia, ma soprattutto
a Venezia, Padova, Verona e Vicenza.

Venezia, 12 gennaio

Cara Stephanie,

Ti ringrazio della tua lettera in cui tu mi hai chiesto di darti un'informazione sul Carnevale di Venezia. Ecco i dettagli
che volevi:

Il Carnevale di Venezia è un appuntamento internazionale in cui migliaia di persone invadono la città e hanno
un'esperienza fantastica che solo Venezia può offrire. La città si riempie di maschere variopinte e Piazza San Marco
si trasforma, di sera, in un'enorme "discoteca" all'aperto. L'ultima sera del Carnevale "il martedì grasso", sono di
tradizione dei magnifici fuochi d'artificio che si riflettono sull'acqua del Lido.

A differenza degli altri carnevali, quello di Venezia è un grande happening che coinvolge l'intera città. Ci sono
spettacoli, giochi e feste; un'occasione unica di incontro fra persone di tutto il mondo. Nella stupenda Piazza San
Marco, immersi in una magica atmosfera di festa fra colori e suoni, si possono rivivere insieme a tutta la
popolazione mascherata, le emozioni del Carnevale veneziano.

Vivere il Carnevale di Venezia significa quindi partecipare alla "Festa" ed ai suoi riti: dai più antichi, come il celebre
"Volo della Colombina", ai più recenti, come la "Festa del Gentil Foresto". Sabato, 1° febbraio in Piazza San Marco si
terrà la Festa del Gentil Foresto, un gran ballo tra sfilate di maschere e spettacoli, al quale saranno invitati tutti
gli ospiti della città. In piazza San Marco vi saranno, infatti, numerose occasioni per celebrare il Carnevale con balli,
sfilate di maschere ed il celebre teatro della "Commedia dell'Arte".

Ma quest'anno la città intera sarà in festa: quattro percorsi, animati da artisti provenienti da tutto il mondo,
permetteranno ai visitatori di attraversare tutta la città in un clima di magia e partecipare così al Grande Gioco
del Carnevale nella speranza, divertendosi, di vincere il ricco primo premio. Durante tutto il periodo del Carnevale,
infatti, gli ospiti della città potranno partecipare ad un divertente "Gioco dell'Oca" che si svolgerà tra calli e
campielli. Su una serie di piantine della città appositamente illustrate, saranno segnati diversi percorsi: seguendoli
e convalidando un carnet con dei timbri reperibili presso le "stazioni" indicate, il giocatore potrà così completare il
percorso e partecipare ad una estrazione a premi.

Oltre agli spettacoli in piazza San Marco, il Carnevale di Venezia è celebre per i suoi concerti nelle chiese e per gli
spettacoli teatrali della grande tradizione veneziana, e soprattutto per le magnifiche feste che si svolgono
nell'ambientazione unica degli antichi palazzi veneziani.

Ti allego un po' d'informazioni, ma troverai tanto sull'internet. Basta scrivere CARNEVALE e ti arrivano un centinaio
di siti!

Quando scrivi, parlami di una festa che piace a te, forse una che si festeggia ogni anno nel tuo Paese.

Tanti cari saluti a te e ai tuoi,

Giulia

INFORMAZIONI RIGUARDANTI IL CARNEVALE DI VENEZIA

Il Codega
Il Codega è l'antica figura veneziana che un tempo camminava per le calli, narrando le più incredibili storie. Durante il percorso, sono incluse due soste nelle tipiche osterie per degustare specialità carnevalesche.
Date: giovedì 06, venerdì 07, sabato 08, domenica 09 e martedì 11 febbraio.
Luogo: partenza da San Marco – durata 1 ora e 30 circa alle ore 10.00, 14.00, 16.00
Prezzo: 14€ per persona incluse due consumazioni

Carnevale

GRANDE BALLO DI CARNEVALE

Giovedì o sabato sera potrete partecipare ad un grande ballo, in un antico palazzo sul Canal Grande, una magnifica serata musicale in compagnia delle più belle maschere veneziane. Per cena saranno servite le tipiche specialità veneziane accompagnate dai grandi vini veneti.
Data: giovedì 06 febbraio – ore 21.00
Luogo: Palazzo Ca' Zanardi
Prezzo: 155€   per   persona   –
cena/bevande incluse

CIOCCOLATA A PALAZZO

L'esperienza unica di passare un pomeriggio nell'atmosfera magica di un Palazzo Veneziano, gustando dolci e specialità veneziane.
Data: giovedì   06   febbraio   –   ore 15.00/19.00 Concerto del '700.
sabato 08 febbraio – ore 15.00/19.00 Commedia dell'Arte
Luogo: Palazzo Ca' Zanardi
Prezzo: 50€ per persona

GRANDE SFILATA DI GONDOLE SUL CANAL GRANDE

Una sfilata di gondole sul Canal Grande a bordo delle quali saliranno tutte le più belle maschere della città.
Data: sabato 08 febbraio ore 15.00
Luogo: partenza da piazzale Roma
Prezzo: 35€   per   persona   in gondola

22 Ora scegli una parola o espressione adatta dall'elenco sottostante e completa il brano:

Migliaia **discoteca** **fuochi d'artificio** **martedì** **il celebre teatro**

internazionale

divertente **maschere** **si trasforma** **riti** **partecipare**

Il Carnevale di Venezia è un appuntamento ..(1)..
..(2).. di persone invadono la città che si riempie di variopinte ..(3)..
Piazza San Marco ..(4).., di sera, in un'enorme "..(5).." all'aperto.
L'ultima sera del Carnevale "il ..(6).. grasso", ci sono dei magnifici ..(7)..

Vivere il Carnevale di Venezia significa ..(8).. alla "Festa" ed ai suoi ..(9)..
In piazza San Marco viene anche ..(10).. della "Commedia dell'Arte".
Quest'anno i turisti potranno partecipare ad un ..(11).. "Gioco dell'Oca".

23 Leggi di nuovo le informazioni riguardanti il Carnevale di Venezia e da' poi un consiglio a Marco, Luciano Luisa ed Isabella. Decidi quale gita sarebbe più adatta a ciascuno di loro.

a A Marco piacciono la storia ed il vino. Gli piace anche camminare.

b A Luciano piace tanto la musica, ma vuole anche mangiare bene, gustare il vino e perfino ballare.

c A Luisa piacerebbe una gita sul canale. Porterà una maschera.

d Ad Isabella piacciono i dolci ed anche il teatro.

☞ Tocca a te!

24 Esiste nel tuo Paese una tradizione come quella del Carnevale? Come si festeggia?

25 Ti sei mai mascherato? Quali sono le maschere tipiche del tuo Paese?

26 L'ufficio di turismo locale desidera ricevere delle informazioni in italiano sulle feste nella tua zona per i turisti italiani che ogni tanto visitano la tua città. Usando i dettagli qui sopra (prezzi, orari ecc.) ed i dettagli locali, compila una lista d'informazioni per questi turisti.

27 Rispondi alla lettera di Giulia (a pagina 102) utilizzando i dettagli che hai trovato per l'esercizio precedente.

Il mondo intorno a noi

Sai leggere i giornali?

1 Abbina i titoli con i sottotitoli:
I titoli:

I sottotitoli:

a
INTERVISTA AL CANTANTE LUCIANO PAVAROTTI

1 **Il dolce più amato degli italiani**

b
TELEFONO AZZURRO RISCHIA DI MORIRE

2 **Una sana dieta mediterranea**

c
RUMORE

3 **Il nemico invisibile**

d
SENZA CINTURA

4 **Per me la musica è vita**

e
VINO, PASTA, OLIO

5 **Telefono azzurro chiede aiuto**

f
CIOCCOLATO

6 **Anche l'airbag può essere pericoloso**

Ecologia/Inquinamento

A

Ecologia viene dal greco *óikos* = abitazione, e *lógos* = discorso. Significa lo studio dei rapporti tra l'ambiente e gli esseri viventi che ci abitano. Gli uomini si sono adattati troppo bene all'ambiente. Hanno costruito le case dove prima c'erano spazi verdi e hanno voluto mezzi di trasporto sempre più rapidi.

B

L'inquinamento dell'ambiente è diventato un pericolo molto grave. Chi causa l'inquinamento? L'inquinamento dell'aria, dell'acqua e della terra è causato dai rifiuti degli uomini e delle industrie. Le fabbriche inquinano – cioè sporcano – l'ambiente. L'industria chimica è molto pericolosa. Anche l'agricoltura contribuisce all'inquinamento perché usa fertilizzanti e insetticidi.

C

Non è mica colpa mia! Per molti di noi l'inquinamento è solo «quello che fanno gli altri», ma noi siamo spesso causa di inquinamento: per esempio i gas di scarico delle nostre automobili o dei nostri motorini. In casa utilizziamo spesso detersivi, bottiglie e buste di plastica che non sono biodegradabili.

D

Che rumore! Poi c'è il rumore. Il rumore ci insegue dappertutto: nei luoghi di lavoro, nelle nostre abitazioni, nei locali di divertimento. Molti giovani amano far rumore, per esempio con la motocicletta per non parlare della musica suonata ad un'intensità talmente elevata da mettere in pericolo la loro salute! Tanti giovani fanno uso dei walkman per troppe ore al giorno. Li usano anche passeggiando in città e, per superare il rumore del traffico, alzano il volume a livelli pericolosi!

2 Vero o falso? Leggi le seguenti frasi e correggi quelle che sono false:

a Gli uomini hanno distrutto le case.
b Hanno voluto utilizzare mezzi di trasporto rapidi.
c L'inquinamento è un pericolo grave.
d Inquinare significa rendere pura l'aria che respiriamo.

e Molte sostanze chimiche sono pericolose.
f L'agricoltura non rovina l'ambiente.
g Le macchine sono spesso causa di inquinamento.
h La plastica è biodegradabile.
i I giovani non usano mai i walkman.

3 Completa le seguenti frasi con una parola/espressione adatta dall'elenco qui sotto.

la plastica   la nostra salute   ascoltano
inquina   usa
causano   i gas di scarico

a L'industria chimica .... l'ambiente.
b L'agricoltura .... fertilizzanti.
c Gli uomini .... spesso l'inquinamento.
d .... delle macchine sono spesso causa di inquinamento.
e .... non è biodegradibile.
f Nelle discoteche i giovani .... musica ad alto volume.
g Il rumore è spesso pericoloso per ....

La plastica non è mai ecologica!

Il sacchetto biodegradabile al 100 per cento non esiste. Questo vale anche per i contenitori (bottiglie, flaconi, ecc.).

4 Qual è lo scopo principale di questa pubblicità?

5 Scrivi cinque cose che si potrebbero fare con un sacchetto di plastica dal supermercato locale.

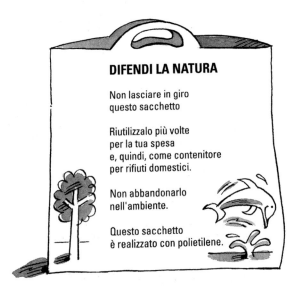

DIFENDI LA NATURA

Non lasciare in giro questo sacchetto

Riutilizzalo più volte per la tua spesa e, quindi, come contenitore per rifiuti domestici.

Non abbandonarlo nell'ambiente.

Questo sacchetto è realizzato con polietilene.

6   Leggi attentamente:

NELLE NOSTRE CITTÀ VOGLIAMO SPAZI VERDI
- sicuri e chiusi al traffico
- con tanti alberi, cespugli ed erba alta per nasconderci
- con tanti alberi di frutta da poter raccogliere
- con la possibilità di trovare rami, foglie, sassi e sabbia
- con tanta acqua a disposizione per giocare
- con sentieri con salite e discese per andare in bicicletta.

PER SALVARCI DAL TRAFFICO SOFFOCANTE NOI VOGLIAMO:
- zone chiuse al traffico
- strade con piste ciclabili
- spazi dove mettere le biciclette
- percorsi senza gradini con scivoli per le biciclette e le carrozzelle
- più mezzi pubblici
- mezzi pubblici accessibili a tutti
- barriere verdi contro le macchine sui marciapiedi
- segnali stradali comprensibili

Rispondi alle seguenti domande:

Per esempio:

Questi bambini, perché vogliono tanti alberi?

Vogliono alberi per nascondersi.

a Perché vogliono l'acqua?

b Perché vogliono sentieri con salite e discese?

c Perché vogliono percorsi senza gradini?

d Perché vogliono barriere verdi?

Parole ed espressioni utili

Dobbiamo *We must* Si deve *One must* È necessario *It is necessary to* Bisogna *It is necessary to*	comprare prodotti biodegradibili o riciclabili *buy products which are biodegradable or recyclable* creare più zone pedonali e piste ciclabili *create more pedestrian precincts and cycle tracks* usare i mezzi pubblici invece delle macchine *use public transport instead of cars* pensare all'ambiente *think about the environment* usare la benzina senza piombo *use unleaded petrol* usare auto con la marmitta catalitica *use cars with catalytic converters* usare meno fertilizzanti e insetticidi *use less fertilisers and insecticides* riciclare i nostri rifiuti *recycle our rubbish* risparmiare acqua *save water*		
	ci sono *there are*	raccoglitori per rifiuti riciclabili *containers for recyclable rubbish*	
Nella mia città *In my town*	possiamo riciclare *we can recycle*	il vetro la carta la plastica l'alluminio	*glass* *paper* *plastic* *aluminium*

7 Abbina le due parti come nell'esempio.

1a Non danneggiare i monumenti

1	non danneggiare	*a*	i monumenti
2	tieni pulita	*b*	sui muri
3	non lasciare	*c*	i percorsi segnalati
4	non accendere	*d*	l'erba
5	non fare	*e*	la nostra città
6	non camminare	*f*	gli animali
7	non calpestare	*g*	fiori
8	non abbandonare	*h*	fuochi
9	rispetta	*i*	rumore
10	non raccogliere	*l*	rifiuti

8 Completa la pubblicità con una parola adatta dall'elenco qui sotto.

> ore   organizzata   possibile
>
> maggio   Italia   mare   pulite
>
> volontari   operazione   pattumiera

Qual è lo scopo principale di questa pubblicità?

Operazione Spiagge ..(1)..

Domenica 31 ..(2)..
Pulizia delle spiagge
di Borgo Foce e Borgo Cappuccini
(dalle ..(3).. 9.15 in Largo Varese)

Vi aspettiamo anche quest'anno per l'..(4).. Spiagge Pulite ..(5).. da Legambiente. Insieme ai ..(6).. che si ritroveranno sulle spiagge di tutta ..(7).. dimostriamo che è ..(8).. fare qualcosa perché il nostro ..(9).. non sia usato come ..(10)..

Una campagna pubblicitaria

9 Crea un poster o un volantino per sensibilizzare la gente sui problemi dell'inquinamento dell'ambiente.

10 Hai ricevuto questo e-mail da un amico italiano:

Ciao

Oggi a scuola abbiamo discusso i problemi ambientali e vorrei sapere cosa si fa nella zona in cui tu abiti. Per esempio:

Parli dei problemi dell'inquinamento a scuola?

Secondo te, quali sono le possibili cause dell'inquinamento nella tua città?

Ci sono raccoglitori dove si possono buttare vari tipi di rifiuti per essere riciclati? Se sì, la gente li usa?

Secondo te, come saranno le città del futuro?

Ti raccomando, rispondimi presto!

Antonia

Scrivi un e-mail per rispondere alle domande di Antonia.

Problemi e preoccupazioni personali

11 Leggi attentamente le seguenti lettere che riferiscono diversi problemi e preoccupazioni.

Cara Alice
come sai, quest'anno avrò l'esame di maturità e questo mi preoccupa molto ma ancora di più mi preoccupa il futuro perché attualmente ci sono molti disoccupati. Cosa mi consigli?

Giulia

Cari lettori
mi chiamo Chiara e ho un problema molto grande con la famiglia. Ho solo 15 anni e già devo rendermi indipendente perché mio padre ha lasciato la mamma. Ha riformato un'altra famiglia e ha altri bambini e così io mi sento sola. Cosa mi consigliate?

Elena

Lucerna 28 gennaio
Carissimi
l'attesa si sta facendo sempre più trepidante, la data presunta del parto è già passata da più di una settimana e noi speriamo che la nostra piccola o il nostro piccolo si decida a saltare fuori. Da un lato la/lo capisco con il freddo che fa qua fuori starei anch'io più volentieri nella pancia della mamma. Noi abbiamo sempre vostre notizie da Daniela e siamo contenti di sapere che state bene.

Tantissimi saluti
Claudio, Silvia e Sofia

Carissimi amici,
come state? Spero bene. Qui a casa siamo tutti malati. Sembra che da questa epidemia d'influenza si sia salvato solo il gatto. È con molto affetto che vi auguro un Buon Natale e un buon inizio d'anno e vi rinnovo l'invito a venirci a trovare quando volete. È così tanto tempo che non ci vediamo.

Un bacione da tutti noi
Manuela

Cari amici
Mi spiace moltissimo non avere più avuto contatti con voi, ma purtroppo i problemi degli ultimi tempi ci hanno assorbito a tal punto da far passare tutto il resto in secondo piano. Nonostante tutto ci stiamo riprendendo e soprattutto stiamo recuperando la voglia di comunicare. Speriamo che possiate al più presto fare un viaggio in Italia, anche dalle nostre parti. Vi invio una foto dei miei bambini, che forse non avrete mai visto. Un abbraccio fortissimo e i nostri migliori auguri di buone feste.

Barbara e tutta la banda

Cari lettori
Ho ventidue anni ed un problema abbastanza serio. Due settimane fa ho conosciuto una ragazza ad una festa di compleanno e mi sono innamorato di lei. Fino a qui non c'è niente di male ma il guaio è che questa ragazza, tanto bella e simpatica, non mi considera per niente. Le ho già scritto un paio di volte, ho provato a telefonarle ma non risponde. L'altro giorno l'ho vista in città ma lei non ha voluto nemmeno guardarmi in faccia. Non so come farle capire che sono innamorato. Vi prego, datemi qualche consiglio.

Francesco

Cara Nathalie
in riferimento alla tua ultima lettera ti posso dire che la droga è uno dei problemi più grossi di questa nostra società. Molti ragazzi si rovinano la vita solo per qualche momento di evasione dalla realtà o solo per sentirsi più grandi. Ma quale futuro hanno questi giovani? Emarginati dalle persone o dai loro vicini in quanto considerati "pericolosi". Nonostante il mio punto di vista sia negativo, non sono così prevenuta nei loro confronti perché in fondo sono "poveri" individui della società.

Marco

Cara Sara
ho sentito il bisogno di scriverti per dividere con qualcuno la mia afflizione. Sono trascorsi ormai cinque mesi da quando ho iniziato a cercare un impiego adeguato alle mie capacità, ma nessuno si sente di assumere personale in questo periodo di recessione. Mi sono sentita ripetere più volte le stesse parole: "Mi dispiace, ma non è questo il momento giusto . . . sono periodi difficili." Le circostanze mi inviterebbero ad arrendermi ma io non posso e non voglio farlo, sento la necessità di un lavoro che mi tenga impegnata e mi dia soddisfazioni. Ora che ti ho raccontato tutto, mi sento meglio. Mi ricorderò di scriverti al più presto quando ci saranno altre novità

Tanti saluti

tua Angela

Adesso identifica il nome/i nomi delle persone che hanno parlato dei seguenti problemi.

a   Chi mette in luce un grave problema sociale che può rovinare la salute ai giovani?

b   Chi si scusa per il lungo silenzio ma non parla esattamente di un problema?

c   Chi si preoccupa della situazione nel mondo del lavoro dopo aver dato un esame importante?

d   Chi cerca lavoro da parecchio tempo ma non riesce a trovarlo?

e   Chi si sente solo?

f   Chi aspetta con ansia l'arrivo di un bambino?

g   Chi dice che a casa tutti stanno male ad eccezione dell'animale domestico?

h   Chi soffre tanto dopo essersi preso una cotta per una ragazza?

12 Secondo te, chi ha il problema più grosso? E il problema meno grave? Spiega le tue risposte.

13 Adesso scrivi una breve risposta alle **tre** persone (Giulia, Elena e Francesco) che hanno chiesto un consiglio.

 ## Parole ed espressioni utili

Se io fossi in te *If I were you*
L'unica soluzione possibile è *The only possible solution is*
Questo problema si potrà risolvere solo quando *This problem can be solved only when*
Penso che sia importante/necessario *I think it's important/necessary*
Secondo me, dovresti/potresti *In my opinion you should/could*
Sarebbe una buon'idea *It would be a good idea*
Cerca di avere un po' di fiducia in te stesso/a *Try to have a bit of confidence in yourself*
Non dimenticare di *Don't forget to*
Evita di *Avoid*
Coraggio! *Come on!/Cheer up!*
In bocca al lupo! *Best of luck!*

 ## Tocca a te!

14 Hai/hai avuto un problema? Scrivi una lettera e mandala a "*La posta del cuore*".

Se preferisci, puoi mandare la lettera a un compagno di classe che deve scrivere la risposta. Tu poi devi rispondere al problema di qualcun altro.

 ## Parole ed espressioni utili

Mi chiamo . . . e ho un grandissimo problema *My name is . . . and I have a very big problem*
Il mio vero problema è che *My real problem is that*
Sono molto preoccupato/a per i miei esami *I am very worried about my exams*
Quello che mi preoccupa è la mancanza di lavoro *What concerns me is the lack of work*
Ho un problema abbastanza serio *I have quite a serious problem*
Tutto è iniziato quando, a marzo *It all started when, in March*
Sono molto giù di morale/depresso/a *I'm very down/depressed*
Non so più cosa fare *I don't know what to do any more*
Cosa posso fare? *What can I do?*
Mi puoi aiutare? *Can you help me?*
Mi puoi dare qualche consiglio? *Can you give me some advice?*
Cosa mi consigli? *What do you advise?*

15 Chi ha scritto la seguente lettera?
Perché? È un problema serio?

Io sono Kori

Questo è il mio
compagno di
casa, Claws

Cari lettori

Io mi chiamo Kori e sono una gatta di razza tailandese. Ho appena compiuto tre
anni all'inizio di marzo. Come vedi dalla foto sono molto bella, simpatica,
intelligente e modesta. Sono una grande chiacchierona, mi piace tanto parlare,
anzi miagolare. I miei padroni sono gentili e mi trattano benissimo. Giocano
spesso con me e mi danno molto da mangiare, biscotti, cibo in scatola, un po' di
pesce o pollo ogni tanto e così via. Per fortuna ho un compagno che si chiama
Claws. Lui è molto più grande di me. Pesa almeno cinque chili. È tanto simpatico
ma piuttosto timido. I suoi passatempi preferiti sono mangiare e dormire oppure
dormire e mangiare. E questo, cari lettori, è il mio problema perché, essendo
molto vivace, ho sempre voglia di scherzare e giocare ma Claws gioca per alcuni
minuti la mattina e poi basta. È molto pigro. Comunque, gli voglio molto bene e
andiamo d'accordo. Mi lava spesso e mi dà sempre tanti bacini. Io invece sono
cattiva a volte perché gli salto addosso e lo mordo. Cerco un gatto vivace come
me. Ho parlato con i miei padroni ma mi hanno detto che bastano due gatti in
casa. Cosa posso fare? Vi prego, aiutatemi, datemi qualche consiglio.

Miao

Kori

P.S. Ho dovuto dettare questa lettera ai miei padroni perché non ho ancora
imparato a scrivere. Comincerò a frequentare la scuola elementare fra qualche
anno.

☞ Tocca a te!

16 Immagina di scrivere una lettera da parte di un animale domestico a una rivista italiana. Racconta il più dettagliatamente possibile il problema dell'animale. Se preferisci, puoi chiedere a un compagno di classe di rispondere alla tua lettera.

Racconti divertenti

Leggi queste due lettere che sono state mandate a due amiche inglesi.

Ciao Sarah

scusa se non mi sono fatta più sentire ma sono stata veramente troppo impegnata. Figurati che il giorno dopo l'ultimo esame della sessione estiva ho iniziato a lavorare! Comunque adesso non mi lamento anche perché sono appena tornata dalle ferie, brevi ma stupende! Una settimana in Corsica, veramente eccezionale anche perché non pensavo di potermelo permettere.

Ora ti racconto le cose incredibili che mi sono capitate. Non ne discuto, io sarò disordinata, ma c'è anche la sfortuna che mi perseguita. Pensa che ero appena salita sul traghetto quando la bottiglia dello yogurt che avevo nella borsa si è rotta. Prova ad immaginare un litro di yogurt tutto sul portafoglio, sul biglietto di viaggio dappertutto! Mi è voluta tutta la traversata per risistemarmi (6 ore!!!). Per il resto tutto bene. Ho visto dei posti stupendi. Il tempo era magnifico, altro che gli acquazzoni inglesi!

Sentissi il modo di parlare che hanno questi corsi. Quasi tutte le parole terminano con la "u". Per noi italiani non è un problema capirli anche perché la loro lingua assomiglia al dialetto sardo. Sto diventando un po' noiosa eh!

Tu come te la passi? Hai finito i corsi per gli studenti? Stanca? Spero che stiate tutti bene. Ho proprio voglia di rivedervi tutti. Non aspettare troppo a rispondere. A presto.

Vi penso sempre

Ciao ciao a tutti

Daniela.

Carissima Mandy

Scusa se ti scrivo appena adesso, ma ho avuto un sacco di cose da fare. Ma eccomi qui a te con le ultime novità. Veramente di novità non ne ho. Senti questa. Questa mattina me n'è capitata veramente una bella. I bambini erano a scuola, Luigi era in ufficio, la spesa era fatta. Dato che avevo tempo, ho deciso di preparare delle tartine. Con la ricetta in mano, che seguivo accuratamente, preparavo la pasta frolla. Improvvisamente squilla il telefono. Sollevo il ricevitore. Numero sbagliato. Ritorno alla pasta e suona il campanello. Questa volta è il postino con una lettera raccomandata; ci vuole la mia firma. Il postino se ne va, torno in cucina, e il campanello suona di nuovo. Apro la porta; non c'è nessuno. Chiudo la porta e mi guardo in giro. La pasta frolla è dappertutto. Sul ricevitore del telefono, sulla maniglia della porta, anche sulla biro che avevo usato per la firma.

Sai che ho fatto allora? Ho buttato via tutto e sono andata in pasticceria a comprare delle tartine.

Forse avrò delle novità più interessanti la prossima volta. Un abbraccio affettuoso dalla tua

Giovanna

17 Secondo te, qual è il racconto più divertente? Spiega la tua risposta. Ti è mai successa una cosa del genere? In caso affermativo, racconta l'episodio ai tuoi compagni di classe che poi, a turno, racconteranno il loro.

18 Rileggi la prima lettera e poi rispondi alle seguenti domande.

a   Per quali motivi Daniela non ha potuto scrivere prima?
b   Dove ha trascorso le ferie? Per quanto tempo?
c   Con quale mezzo ha viaggiato?
d   Dove teneva la bottiglia dello yogurt?
e   Quanto tempo ci ha messo Daniela per pulire tutto ?
f   Nonostante questo incidente Daniela si è divertita? Perché sì/no?

19 Adesso rileggi la seconda lettera e indica se le seguenti affermazioni sono vere o false. Basta scrivere **V** o **F**. Correggi quelle false.

a Non ha scritto perché è stata molto occupata.

b È sposata.

c Era in cucina quando è squillato il telefono.

d Era la sua amica al telefono.

e La prima volta che è suonato il campanello non c'era nessuno alla porta.

f Il postino ha consegnato una lettera raccomandata.

g Ha dovuto preparare la pasta frolla una seconda volta.

 Tocca a te!

20 Hai una storia divertente da raccontare? Descrivila in una lettera ad un/una amico/a italiano/a.

 Parole ed espressioni utili

Questa mattina me n'è capitata veramente una bella *This morning a really incredible thing happened to me*

Ora ti racconto una cosa incredibile che mi è capitata ultimamente *Now I'm going to tell you about an incredible thing that happened to me recently*

Non mi ricordo tutti i dettagli, però, *I don't remember all the details, however,*

Prova ad immaginare *Try and imagine*

Ho deciso di *I decided to*

Ho cercato di *I tried to*

Improvvisamente/tutt'ad un tratto *All of a sudden*

Non sapevo dove sbattere la testa *I didn't know which way to turn*

Non sembrava tanto ridicolo sul momento ma *It didn't seem so ridiculous at first but*

Pazienza! Queste cose succedono a tutti. *Never mind! These things happen to everyone*

Glossario

a

a bordo *on board*
a disposizione *available*
a piedi *on foot*
a presto *see you soon*
a volte *sometimes*
abbastanza *quite; enough*
abbattuto/a *destroyed, shot*
l'abbigliamento (m) *clothing*
abbinare *to match*
l'abitante (m) *inhabitant*
abitare *to live*
accanto a *next to*
accendere *to switch on, to light (fire)*
accessibile *accessible*
l'aceto (m) *vinegar*
l'acqua (f) *water*
gli acquazzoni *heavy showers*
l'addobbo (m) *decoration*
adeguato *suitable*
adesso *now*
l'aereo (m) *aeroplane*
l'aerobica (f) *aerobics*
l'aeroporto (m) *airport*
l'affitto (m) *rent*
l'afflizione (f) *trouble, problem*
afoso *close (weather)*
l'agenzia di viaggi (f) *travel agency*
agosto *August*
agricolo *agricultural*
l'agricoltura (f) *agriculture*
ai primi di *at the beginning of*
aiutare *to help*
l'aiuto (m) *help*
l'albergo (m) *hotel*
l'albero (m) *tree*
l'albero di Natale *Christmas tree*
gli alimentari *food*
alla fine di *at the end of*
all'aperto *in the open air*
allegare *to enclose*
l'alluminio (m) *aluminium*
almeno *at least*
l'alpinismo (m) *mountaineering*

alto *tall*
l'alunno (m) *pupil*
amare *to love*
l'ambiente (m) *environment*
ambizioso *ambitious*
l'amico/a (m/f) *friend*
amministrare *to administer*
l'amore (m) *love*
ampio *wide*
andare *to go*
andare a trovare *to go and see*
andare d'accordo con *to get on with*
andare in bicicletta *to cycle*
l'anello di fidanzamento (m)
   engagement ring
l'animale (m) *animal*
l'animale domestico *pet*
l'animalista (m) *animal supporter*
l'anno (m) *year*
l'anno scolastico *school year*
ansioso *anxious*
antipatico *unpleasant*
aperto *open*
l'appartamento (m) *flat*
appena *just*
appositamente *on purpose*
apprezzare *to appreciate*
appunto *precisely*
aprile *April*
aprire *to open*
l'archivio (m) *filing cabinet*
l'area (f) *area*
l'area parcheggio *parking area*
l'aria (f) *air*
l'armadio (m) *cupboard*
l'arredamento (m) *furnishing*
arrivare *to arrive*
arrosto *roast*
l'arte (f) *art*
l'ascensore (m) *lift*
ascoltare *to listen to*
l'asino (m) *ass*
l'aspetto (m) *aspect*
l'assegnazione (f) *awarding*
l'atletica leggera (f) *athletics*

attenzione! *careful!*
l'attore (m) *actor*
l'attrezzatura (f) *equipment*
l'attrezzo (m) *apparatus*
auguri *best wishes*
l'aula di disegno (f) *Art & Design room*
l'aula specializzata *specialist room*
l'aula-computer *computer room*
l'Austria (f) *Austria*
l'autobus (m) *bus*
l'autunno (m) *autumn*
avere luogo *to take place*
avere voglia *to want*
l'avorio (m) *ivory*

b

Babbo Natale *Father Christmas*
il bacino *little kiss*
il bacio *kiss*
il bagno *bathroom*
il balcone *balcony*
ballare *to dance*
il ballo *dance*
il/la bambino/a *baby, small child*
la bandiera *flag*
la barba *beard*
la barca a vela *sailing boat*
la barriera *barrier*
il basilico *basil*
basso *low; short*
la batteria *drums*
il battesimo *baptism, christening*
il battistero *baptistry*
la Befana *Befana (good witch who brings
   presents to children on 6th Jan)*
il Belgio *Belgium*
bello *beautiful*
benedire *to bless*
benvenuto *welcome*
la benzina senza piombo *unleaded
   petrol*
bere *to drink*

Berna *Berne*
la bevanda *drink*
bianco *white*
la biblioteca *library*
il bicchiere *glass*
la bicicletta *bicycle*
il bigliettino *small card*
il biglietto *ticket*
il biglietto di auguri *greetings card*
biodegradabile *biodegradable*
la biologia *Biology*
biondo *blond*
il biscotto *biscuit*
la bocca *mouth*
bocciare *to fail (an exam)*
bollente *boiling*
il bollettino meteorologico *weather forecast*
la borsa di studio *grant*
il bosco *wood*
la bottiglia *bottle*
il braccialetto *small bracelet*
bravo *good*
breve *brief*
brutto *awful; ugly*
il bue *ox*
la busta *envelope*
buttare via *to throw away*

c'è *there is*
il calcio *football*
caldo *hot*
il calendario *calendar*
la calle *narrow street (in Venice)*
la camera (da letto) *bedroom*
la camera matrimoniale *double room*
il camion *lorry*
il cammello *camel*
camminare *to walk*
la campagna *country (-side)*
il campanello *doorbell*
il campanone *(big) bell*
il campeggio *campsite*
il campiello *small square (in Venice)*
il campo da pallavolo *volleyball pitch*
il campo da tennis *tennis court*
il campo *field*
il campo sportivo *sports field*
il canarino *canary*
il cane *dog*
il/la cantante *singer*
canticchiare *to sing to oneself*
la capacità *ability, capability*
i capelli *hair*
il capo *boss, head (of firm)*
il Capodanno *New Year*
il carattere *character*

carino *nice; pretty*
il carnevale *carneval*
la carrozzella *pram*
la carta *paper*
la carta d'identità *ID card*
la cartina *map*
la cartolina *postcard*
il cartoncino *(small) card*
la casa (a schiera) *(terraced) house*
la cassiera *cashier*
il castello *castle*
la catenina *small necklace*
cattivo/a *bad, naughty*
il cavallo con maniglie *vaulting horse*
il cavallo *horse*
la caviglia *ankle*
celebre *famous*
celibe *unmarried (man)*
il cellulare *mobile phone*
la cena *dinner*
centinaia *hundreds*
cento *one hundred*
il centro *centre*
il centro sportivo *sports centre*
il centro storico *historic centre*
la cerimonia *ceremony*
il cespuglio *bush*
il cesto *basket*
che peccato! *what a shame!*
chiacchierone/a *chatterbox*
chiamarsi *to be called*
chiedere *to ask*
la chiesa *church*
il chilometro *kilometre*
la chimica *Chemistry*
la chitarra *guitar*
il/la chitarrista *guitarist*
chiudere *to close*
chiuso *closed*
ci sono *there are*
il cibo *food*
il ciclismo *cycling*
il cielo *sky*
il cimitero *cemetery*
il cinema *cinema*
la cintura *belt*
il cioccolato *chocolate*
cioè *that is, i.e.*
circa *about*
circondato di *surrounded by*
la città *town; city*
la cittadina *small town*
il clima *climate*
il/la coetaneo/a *peer (someone who is the same age)*
il cognome *surname*
coinvolgere *involve*
il collegamento ad Internet *Internet link*
collezionare *to collect*

collinoso *hilly*
il colore *colour*
colpa mia *my fault*
il colpo di telefono *phone call*
come *as; how*
cominciare *to begin*
commerciale *commercial*
il commercio *Business Studies*
comodo *comfortable; convenient*
i compiti *(m.pl) homework*
il compleanno *birthday*
complicato *complicated*
comprensibile *understandable*
comunicare *to communicate*
comunque *however*
con *with*
le confezioni *packaging*
congratularsi con *to congratulate*
la conoscenza *knowledge*
conoscere *to know (person)*
consigliare *to advise*
il consiglio *advice*
la consolle *console*
la consumazione *drink*
la contabilità *accounting*
contattare *to contact*
il contenitore *container*
contento *happy*
contraddittorio *contradictory*
contribuire *to contribute*
convalidare *to validate*
il coordinatore *coordinator*
coperto *overcast (sky)*
il coro *choir*
il corredo *bride's trousseau*
la corsa *race*
il corso formativo *training course*
la costa *coast*
la crescita *growth*
la cresima *Confirmation*
il crisantemo *chrysanthemum*
la cucina *kitchen*
cucinare *to cook*
il/la cugino/a *cousin*
cuocere *to cook*

da un lato *on the one hand*
da una parte *on the one hand*
la Danimarca *Denmark*
danneggiare *to damage*
dappertutto *everywhere*
dare *to give*
dare su *to overlook*
dare un esame *to sit an exam*
la data (di nascita) *date (of birth)*
il datore di lavoro *employer*
debole *weak, light (wind)*

degustare *to taste*
la delusione *disappointment*
descrivere *to describe*
la descrizione *description*
il detersivo *detergent*
di fronte a *opposite*
di razza *pedigree*
di solito *usually*
di sopra *upstairs*
di sotto *downstairs*
di tanto in tanto *every now and then*
il dialetto *dialect*
dicembre *December*
la dieta *diet*
dietro (a) *behind*
la differenza *difference*
difficile *difficult*
diligente *hardworking*
dimenticare *to forget*
dinamico *dynamic*
i dintorni *surrounding areas*
il/la dipendente *employee*
dire *to say, tell*
dirigere *to manage*
la discesa *slope (down)*
il dischetto *floppy disc*
la discoteca *discotheque*
disegnare *to draw*
il disegno *art, drawing*
disoccupato *unemployed*
disordinato *untidy*
disponibile *available*
disporre di *to have at one's disposal*
la ditta *firm*
diventare *to become*
diverso *various, different*
divertente *amusing*
divertirsi *to enjoy oneself*
il/la divo/a del cinema *movie star*
il dizionario *dictionary*
la doccia *shower*
dolce *sweet*
la domanda *question*
domani *tomorrow*
la donna *woman*
il dono *gift*
dormire *to sleep*
dotato di *equipped with*
dove *where*
dovere *to have to, must*
la dozzina *dozen*
la droga *drug*
il dubbio *doubt*
il duomo *cathedral*
durante *during*

e

e così via *and so on*

ecco *here is; here are*
l'ecologia (f) *ecology*
l'economia (f) *Economics*
l'ecstasy (f) *ecstasy (drug)*
l'edificio (m) *building*
l'edificio pubblico *public building*
Edimburgo *Edinburgh*
l'educazione fisica (f) *P.E.*
emarginato *marginalised*
l'enciclopedia (f) *encyclopedia*
entrare *to enter*
l'entroterra (f) *inland*
l'epidemia (f) *epidemic*
l'Epifania (f) *Epiphany*
equilibrato *balanced*
l'erba (f) *grass*
l'eroina (f) *heroin*
l'esame (m) *exam*
esattamente *exactly*
esclusivo *exclusive*
l'esempio (m) *example*
esere commosso *to be moved*
l'esperto grafico (m) *graphics expert*
l'esportazione (f) *export*
essere impegnato *to be busy*
est *east*
l'estate (f) *summer*
l'estrazione (f) **a premi** *prize draw*
l'età (f) *age*
l'etto (m) *100 grammes*
l'Eucarestia (f) *Eucharist*
l'evasione (f) *escape*

f

fa caldo *it is hot*
fa freddo *it is cold*
la fabbrica *factory*
la faccia *face*
facile *easy*
il fagiano *pheasant*
falso *false*
la famiglia *family*
il fantino *jockey*
fare *to do, make*
fare ginnastica *to do gymnastics*
fare aerobica *to do aerobics*
fare footing *to go jogging*
fare i compiti *to do homework*
fare il bagno *to go for a swim*
fare jogging *to do jogging*
fare un giro in barca *to go for a boat trip*
fare una passeggiata *to go for a walk*
la farina *flour*
la fatica *hard work*
febbraio *February*
la fede *faith, wedding ring*
felice *happy*

ferito *injured*
il Ferragosto *15 August*
il fertilizzante *fertiliser*
la Festa del Lavoro *May Day*
festeggiare *to celebrate*
il fiammifero *match*
il fieno *hay*
il/la figlio/a *son, daughter*
figurati che *would you believe that..*
la filiale *subsidiary, branch*
il film d'amore *romantic film*
il film giallo *detective film*
il film poliziesco *detective film*
finire *to finish*
fino a qui *up to now*
il finocchio *fennel*
il fiore *flower*
la firma *signature*
la fisica *Physics*
la foglia *leaf*
il footing *jogging*
la foresta *forest*
il formaggio *cheese*
formato *trained*
forte *strong*
fortunatamente *fortunately*
la fragola *strawberry*
francese *French*
la Francia *France*
la frase *sentence*
il fratello *brother*
freddo *cold*
frequentare *to attend (school)*
fresco *fresh, cool*
il fuoco d'artificio *firework*
fuori *outside*

g

la galleria d'arte *art gallery*
il Galles *Wales*
la gara *competition*
i gas di scarico *exhaust fumes*
il/la gatto/a *cat, she-cat*
gelare *to freeze*
il gelo *ice*
il/la gemello/a *twin*
generalmente *generally*
i genitori *parents*
gennaio *January*
la gente *people*
gentile *kind*
la geografia *Geography*
geografico *geographical*
la Germania *Germany*
Gesù Bambino *baby Jesus*
il giardino *garden*
giocare *to play*
giocare a carte *to play cards*

giocare a scacchi *to play chess*
il giocatore *player*
giovane *young*
la gita *trip*
giugno *June*
giusto *correct, right*
il gradino *step*
il grado *degree (temperature)*
grande *big; tall*
granitico *granite*
grasso *fat*
gratuito *free*
greco *Greek*
grosso *big (problem)*
guardare *to look at, watch*
la guerra mondiale *world war*

identificare *to identify*
l'identificazione (f) *identification*
illustrato *illustrated*
l'imballo (m) *packaging*
imbarcarsi *to board, embark*
immaginare *to imagine*
imparare *to learn*
impiegare *to employ*
l'impiego (m) *job*
l'impresa (f) *firm*
improvvisamente *suddenly*
in aereo *by air*
in bicicletta *by bike*
in cambio di *in exchange for*
in giro *around*
in macchina *by car*
in metropolitana *by metro*
in nave *by ship*
in pullman *by bus/coach*
in seguito a *following*
in treno *by train*
l'incidente (m) *accident*
incluso *included*
indipendente *independent*
l'indirizzo (m) *address*
l'individuo (m) *individual*
indovinare *to guess*
l'industria (f) *industry*
industriale *industrial*
infelice *unhappy*
l'infermiere/l'infermiera *nurse*
l'influenza (f) *flu*
l'informatica (f) *I.T.*
le informazioni *information*
l'Inghilterra (f) *England*
inglese *English*
l'ingresso (m) *entrance (hall)*
iniziare *to start*
l'inizio (m) *start*
innamorarsi (di) *to fall in love (with)*

innanzitutto *first of all*
inoltre *besides, moreover*
l'inquinamento (m) *pollution*
inquinare *to pollute*
inseguire *to follow*
l'insetticida (f) *insecticide*
intelligente *intelligent*
interessante *interesting*
internazionale *international*
interno *inside, interior*
l'interrogazione (f) *oral examination*
l'intervallo (m) *break, interval*
l'intervista (f) *interview*
intorno a *around*
inutile *useless*
l'inverno (m) *winter*
invisibile *invisible*
invitare *to invite*
l'invito (m) *invitation*
l'Irlanda (f) *Ireland*
l'ironia (f) *irony*
l'isola (f) *island*
l'Italia (f) *Italy*
italiano *Italian*

il laboratorio *laboratory*
il laboratorio linguistico *language lab.*
il lago *lake*
il latino *Latin*
il lato negativo *negative side*
il lato positivo *positive side*
la laurea *degree*
la lavagna luminosa *O.H.P.*
lavorare *to work*
il lavoro *work*
leggere *to read*
le lenti a contatto *contact lenses*
la lettera raccomandata *registered letter*
il lettore *reader*
la lettura *reading*
la lezione *lesson*
la Liberazione d'Italia *Liberation of Italy*
il libro giallo *detective story*
il liceo linguistico *secondary school specialising in languages*
limpido *clear*
la lingua *language*
la lingua dei segni *sign language*
la lingua straniera *foreign language*
liscio *straight (hair)*
la lista dei prezzi *price list*
il locale notturno *night club*
Londra *London*
lontano da *far from*
luglio *July*
il lumino *candle (for the dead)*

la luna di miele *honeymoon*
lungo *long*
il luogo *place*

ma *but*
la Madonna *Virgin Mary*
la madre *mother*
la madrelingua *mother tongue*
la madrina *godmother*
maggio *May*
la magia *magic*
magro *thin*
mai *never*
malato *ill*
mandare *to send*
la mandorla *almond*
mangiare *to eat*
la maniglia *handle*
mantenersi in forma *to keep fit*
il marciapiede *pavement*
il mare *sea*
la marea *tide; horde (of people)*
il marito *husband*
la marmellata *jam*
la marmitta catalitica *catalytic converter*
il martedì grasso *mardi gras*
marzo *March*
la maschera *mask*
il massacro *massacre*
la matematica *Mathematics*
il materassino *mat*
la materia *subject*
il matrimonio *wedding, marriage*
il mattino/la mattina *morning*
la maturità *school leaving certificate (A Level)*
medio *medium (-sized); average*
meglio *better*
la meraviglia *marvel*
il mercato *market*
mescolare *to mix*
la Messa *Mass*
mettere *to put*
la mezza pensione *half board*
il mezzo di trasporto *means of transport*
i mezzi pubblici *public transport*
miagolare *to miaow*
migliorare *improve*
milanese *from Milan*
il milione *million*
mille (m) *one thousand*
minore *younger; less*
il miracolo *miracle*
mite *mild (weather)*
i mobili *furniture*

moderato *moderate*
moderno *modern*
modesto *modest*
la moglie *wife*
molto *much; very*
il mondo *world*
la montagna *mountain*
montagnoso *mountainous*
il monumento *monument*
mordere *to bite*
morire *to die*
mosso *rough (sea)*
la motocicletta *motorbike*
il motorino *moped*
il municipio *town hall*
munito di *equipped with*
il muro *wall*
il museo *museum*
la musica *music*

n

Napoli *Naples*
nascere *to be born*
la nascita *birth*
nascondersi *to hide oneself*
il naso *nose*
il Natale *Christmas*
la nazionalità *nationality*
la nebbia *fog*
negativo *negative*
il negozio *shop*
il negozio di abbigliamento *clothes shop*
il negozio di calzature *shoe shop*
il nemico *enemy*
nemmeno *not even*
nero *black*
nervoso *nervous*
nessuno *nobody*
la neve *snow*
nevicare *to snow*
la noia *boredom*
noioso *boring*
il nome *(Christian) name*
non vedo l'ora di *I can't wait*
non . . . niente *nothing*
la nonna *grandmother*
i nonni *grandparents*
il nonno *grandfather*
nonostante *despite, in spite of*
nord *north*
il notaio *lawyer*
la notizia *piece of news*
le notizie *news*
la notte *night*
novembre *November*
la novità *news*
le nozze *wedding*

nubile *unmarried (lady)*
il numero *number*
il numero dispari *odd number*
il numero sbagliato *wrong number*
nuotare *to swim*
il nuoto *swimming*
nuovo *new*
nuvoloso *cloudy*

o

gli occhiali (da sole) *(sun-) glasses*
l'occhio (m) *eye*
odiare *to hate*
oggi *today*
ogni *each, every*
ogni tanto *every now and then*
Ognissanti *All Saints (1ˢᵗ Nov)*
ognuno *each one*
l'Olanda (f) *Holland*
l'olio (m) *oil*
l'ombrellone (m) *beach umbrella*
oppure *or*
l'ora (f) *time*
ora *now*
l'orario (m) *timetable*
l'orecchio (m) *ear*
l'organista (m/f) *organist*
l'orgoglio (m) *pride*
l'orologio (m) *watch, clock*
l'ospedale (m) *hospital*
l'ospite (m) di riguardo *very important guest*
gli ostacoli *hurdles*
l'ostello (m) della gioventù *youth hostel*
ottobre *October*
ovest *west*

p

il padre *father*
il padrino *godfather*
il padrone *owner*
il paesaggio *landscape*
il Paese *country*
il paese *village*
il paesino *small village*
la paga *pay*
la pagina *page*
la palla di neve *snowball*
la pallacanestro *basketball*
la pallanuoto *water polo*
la pallavolo *volleyball*
la pallina colorata *coloured bauble*
il pallone *ball*
la pancetta *bacon*
la pancia *stomach*

il panettone *Christmas cake*
la paninoteca *sandwich bar*
le parallele *parallel bars*
la parata militare *military parade*
il paraurti *car bumper*
il parcheggio custodito *supervised car park*
il parco *park*
parecchi/parecchie *several*
i parenti *relatives*
Parigi *Paris*
il parmigiano *Parmesan*
la parola *word*
la parrucchiera *hairdresser*
partecipare *to participate, take part*
la partecipazione *(wedding) announcement*
la partita *match*
il parto *birth*
Pasqua *Easter*
passeggiare *to walk*
la Passione di Cristo *The Passion*
la pasta *pasta, pastry*
la pasta frolla *pastry*
la pasticceria *cake shop*
il pastore *shepherd*
il pattinaggio *ice skating*
pattinare *to skate*
la paura *fear*
la pecorella *lamb*
pensare *to think*
la pensione *guest house*
il peperone *pepper*
per cortesia *please*
per di più *what is more*
per *for; in order to*
per fortuna *fortunately*
per non parlare di *not to mention*
perché *because; why*
il percorso *route*
perdere *to lose*
perfino *even*
pericoloso *dangerous*
la periferia *suburbs*
però *however*
perseguire *to follow*
la persona *person*
il personale *personnel*
pervadere *to pervade*
pesare *to weigh*
la pesca *peach, fishing*
pescare *to fish*
il pesce (rosso) *(gold) fish*
piacere *to please*
piangere *to cry*
il piano *floor*
il pianoforte *piano*
la pianta della città *map of the town*
la pianta *plant*
il pianterreno *ground floor*

il piatto *plate, dish*
la piazza *square*
piccolo *small*
pigro *lazy*
il pigrone *lazy bones*
piovere (a catinelle) *to rain (cats and dogs)*
piovigginare *to drizzle*
la piscina *swimming pool*
la pista *ski slope*
la pista ciclabile *cycle route/track*
pittoresco *picturesque*
la pittura *painting*
pitturare *to paint*
più *more*
piuttosto *rather*
il pizzo *lace*
la plastica *plastic*
un po' *a little*
poi *then*
il polietilene *polyethylene*
politico *political*
il pollo *chicken*
il pomeriggio *afternoon*
il pomodoro *tomato*
porta a porta *door to door*
la porta-finestra *French door*
il portafoglio *wallet*
portare *to carry, wear*
il porto *port, harbour*
il Portogallo *Portugal*
positivo *positive*
possibile *possible*
la possibiltà *possibility*
il postino *postman*
il posto *place*
potere *to be able, can*
il pranzo *lunch*
preferire *to prefer*
preferito *favourite*
il premio *prize*
prenotare *to book, reserve*
la prenotazione *booking, reservation*
preoccuparsi *to worry*
i preparativi *preparations*
il presepio *crib*
presto *soon; early*
il prete *priest*
previsto *forecast*
il prezzo *price*
la prima colazione *breakfast*
la prima comunione *First Communion*
prima di *before*
prima di tutto *first of all*
la primavera *spring*
primo *first*
il problema *problem*
la processione *procession*
il progetto *project, plan*
proporre *to propose*

il prosciutto *ham*
provocare *to provoke, cause*
la provvigione *commission*
pubblico *public*
pulire *to clean*
pulito *clean*
il punto di vista *point of view*

qua *here*
quale *which; what*
qualificato *qualified*
quando *when*
il quartiere *area, district*
quasi *almost*
qui *here*
qui vicino *nearby*
quindi *so, therefore*

raccogliere *to pick*
i raccoglitori per rifiuti riciclabili *containers for recyclable rubbish*
il raduno *gathering, meeting*
la ragazza alla pari *au pair*
la ragazza *girl; girlfriend*
il ragazzo *boy; boyfriend*
il rame *branch*
il rappresentante *sales representative*
raramente *rarely*
i Re Magi *Wise Men/3 Kings*
la realtà *reality*
la recessione *recession*
recuperare *to recover*
il refettorio *canteen*
il regalo *present*
la regione *region*
la religione *R.E.*
religioso *religious*
reperibile *available*
residenziale *residential*
la Resurrezione *The Resurrection*
riccio *curly*
ricco *rich*
ricercare *to look for*
la ricetta *recipe*
ricevere *to receive*
il ricevimento *reception*
il ricevitore *receiver*
riciclare *to recycle*
i rifiuti *rubbish*
rilassante *relaxing*
rileggere *to re-read*
il rinfresco nuziale *wedding breakfast*
ringraziare *to thank*
ripassare *to revise*

rischiare *to risk*
risistemarsi *to tidy up again*
risparmiare *save*
rispettare *to respect*
la risposta *reply*
il ristorante *restaurant*
il risultato *result*
il rito *rite*
riuscire *to succeed, manage*
Roma *Rome*
romantico *romantic*
rompere le scatole a qn. *to get on someone's nerves*
rompersi *to break*
rosolare *to brown*
la roulotte *caravan*
il rovescio *shower*
rovinare *to ruin*
il rumore *noise*
rumoroso *noisy*
il ruolo *role*
russo *Russian*

la sabbia *sand*
la sala da pranzo *dining room*
salire di grado *to get promotion*
salire *to go up*
la salita *slope (uphill), climb*
il salotto *lounge*
saltare addosso a *to jump on, attack*
il salto in alto *high jump*
la salute *health*
salvarsi *to escape*
San Giuseppe *St. Joseph*
sano *healthy*
sapere *to know (a fact)*
la Sardegna *Sardinia*
sardo *Sardinian*
il sasso *stone*
il savoiardo *sponge finger*
sbagliare *to make a mistake*
sbattere *to beat*
scaldare *to warm up*
lo scambio culturale *cultural exchange*
la scarpa *shoe*
la scatola *box*
scendere *to go down*
scherzare *to joke*
la schiarita *bright/sunny spell*
lo sci nautico *water skiing*
le scienze naturali *natural sciences*
le scienze *sciences*
lo scivolo *slide*
scolare *to drain*
scontento *unhappy*
sconvolgente *upsetting, disturbing*
lo scopo *purpose*

la Scozia *Scotland*
scrivere *to write*
se *if*
il sedano *celery*
il segnale stradale *road sign*
il/la segretario/a *secretary*
seguente *following*
selvaggio *wild*
semplice *simple*
sempre *always*
il/la Senese *inhabitant of Siena*
il sentiero *path*
il sentimento *feeling*
sentirsi *to feel*
senza *without*
la sera *evening*
serio *serious*
la sessione *session*
settembre *September*
il settore *sector*
severo *strict*
la sfilata *parade*
la sfortuna *bad luck*
lo sforzo *effort*
simpatico *nice*
sin da quando *since*
singolo *single*
la sistemazione *accommodation*
smeraldo *emerald*
snello *slim*
socializzare *to socialise*
la società *society*
soddisfacente *satisfying*
il soggiorno *living room*
il sole *sun*
sollevare *to lift*
sopra *above*
soprattutto *above all, especially*
sordo *deaf*
la sorella *sister*
la sorpresa *surprise*
il sorteggio *draw*
la sosta *stop, break*
il sostantivo *noun*
sotto *below; under*
la Spagna *Spain*
spagnolo *Spanish*
lo spazio *space*
spazioso *spacious*
lo specialista *specialist*
specificare *to specify*
spegnere *to switch off*
la speranza *hope*
sperare *to hope*
la spesa *shopping*
spesso *often*
lo spettacolo *performance*
la spiaggia *beach*
lo spicchio d'aglio *clove of garlic*
lo spinello *(cannabis) joint*

sporcare *to dirty*
sporco *dirty*
sportivo *sporty; sporting*
la sposa *bride*
sposarsi *to get married*
sposato *married*
gli sposi *bride & groom*
lo sposo *bridegroom*
la spremuta *fresh fruit juice*
lo spumante *sparkling wine*
squillare *to ring (of phone)*
lo stadio *stadium*
lo stage aziendale *work placement*
la stagione *season*
lo stampante *printer*
stampato *printed*
la stanza da bagno *bathroom*
la stanza *room*
la stazione *station*
stesso *same*
stirare *to iron*
la storia *History*
la strada *street; road*
strano *strange*
la strega *witch*
studiare *to study*
stupendo *wonderful*
stupido *stupid*
sud *south*
il sugo *sauce*
sulla destra *on the right*
suonare *to ring (bell); to play (instrument)*
il suono *sound*
la suora *nun*
il supermercato *supermarket*
lo svantaggio *disadvantage*
la Svizzera *Switzerland*
svolgersi *to take place*

il tacchino *turkey*
tagliente *cutting*
il taglio della torta *cutting of the cake*
tailandese *Thai*
tanti/e *so many*
tanto *so; so much*
la tartina *canapé*
il/la tastierista *keyboard player*
la tavola calda *snack bar*
il tavolo da disegno *drawing board*
il teatro *theatre*
tedesco *German*
il tegame *pan*
la teglia *dish, baking tin*
telefonare *to telephone*
il telefono azzurro *Helpline (for children)*

la televisione *television*
il televisore *television set*
il tema *theme, essay*
la temperatura *temperature*
la temperatura massima *maximum temperature*
la temperatura minima *minimum temperature*
il tempo *time; weather*
il temporale *storm*
la tenda *tent*
tenersi in forma *to keep fit*
la terra *ground*
la terrazza *terrace*
il testimonio *witness*
il tetto *roof*
il timbro *official stamp*
timido *timid*
il tipo *type*
tira vento *it's windy*
la tomba *tomb, grave*
tornare *to go back, return (home)*
la torre pendente *leaning tower*
la torta *cake*
totalmente *totally*
tra me e me *to myself*
il traghetto *ferry*
tranquillo *quiet, peaceful*
trascinare *to drag*
trascorrere *to spend (of time)*
trasformarsi *to be transformed*
trattare *to treat*
la traversata *crossing*
trepidante *anxious*
il trimestre *term*
troppo *too; too much*
trovarsi *to be (situated)*
il/la turista *tourist*
turistico *tourist (adj)*
Tutti i Santi *All Saints (1st Nov)*

ugualmente *equally*
l'umanità (f) *humanity*
umido *humid, damp*
l'uniforme (f) *uniform*
l'università (f) *university*
l'uovo (m) sodo *hard boiled egg*
l'usanza (f) *custom*
utile *useful*
utilizzare *to use*

valido *valid*
il vantaggio *advantage*
variopinto *multicoloured*

vecchio *old*
vedere *to see*
vegetariano *vegetarian*
la vela *sail*
il venditore *salesman*
Venezia *Venice*
veneziano *Venetian*
il vento *wind*
veramente *really*
il verbo *verb*
verde *green*
la verdura *greens, vegetables*
la Vergine Maria *Virgin Mary*
il vetro *glass*
il viaggio di nozze *honeymoon*

vicino a *near to*
il videoregistratore *video*
la Vigilia di Natale *Christmas Eve*
la villa *detached house*
il villaggio *village*
il vincitore *winner*
il vino *wine*
il/la violinista *violinist*
la vista sul mare *sea-view*
la vita *life*
vivace *lively*
vivere *to live*
il vocabolario *vocabulary*
volere bene (a qn) *to love (someone)*
volere *to want, wish*

il windsurf *windsurfing*

lo zero *zero*
la zia *aunt*
lo zio *uncle*
la zona *area*

Verbi

The present tense

Regular verbs

parlare	*to speak*	parl**o** parl**i** parl**a** parl**iamo** parl**ate** parl**ano**
scrivere	*to write*	scriv**o** scriv**i** scriv**e** scriv**iamo** scriv**ete** scriv**ono**
aprire	*to open*	apr**o** apr**i** apr**e** apr**iamo** apr**ite** apr**ono**
capire	*to understand*	cap**isco** cap**isci** cap**isce** cap**iamo** cap**ite** cap**iscono**

Note the following verbs ending in –**c**are and –**g**are

cercare	*to look for*	cerco cer**ch**i cerca cer**ch**iamo cercate cercano
pagare	*to pay for*	pago pa**gh**i paga pa**gh**iamo pagate pagano

Reflexive verbs
e. g. divertirsi *to enjoy oneself*
mi diverto **ti** diverti **si** diverte **ci** divertiamo **vi** divertite **si** divertono

Irregular verbs

andare	*to go*	vado vai va andiamo andate vanno
avere	*to have*	ho hai ha abbiamo avete hanno
bere	*to drink*	bevo bevi beve beviamo bevete bevono
dare	*to give*	do dai dà diamo date danno
dire	*to say, to tell*	dico dici dice diciamo dite dicono
dovere	*to have to/must*	devo devi deve dobbiamo dovete devono
essere	*to be*	sono sei è siamo siete sono
fare	*to do, to make*	faccio fai fa facciamo fate fanno
potere	*to be able, can*	posso puoi può possiamo potete possono
rimanere	*to remain*	rimango rimani rimane rimaniamo rimanete rimangono
salire	*to go up*	salgo sali sale saliamo salite salgono
sapere	*to know*	so sai sa sappiamo sapete sanno
scegliere	*to choose*	scelgo scegli sceglie scegliamo scegliete scelgono
stare	*to stay/be*	sto stai sta stiamo state stanno
tenere	*to keep*	tengo tieni tiene teniamo tenete tengono
uscire	*to go out*	esco esci esce usciamo uscite escono
venire	*to come*	vengo vieni viene veniamo venite vengono
volere	*to want/wish*	voglio vuoi vuole vogliamo volete vogliono

The perfect tense
Regular verbs in –*are*, –*ere* and –*ire*

<u>parl</u>are *to speak*   <u>vend</u>ere *to sell*   <u>fin</u>ire *to finish*

ho parl**ato**	ho vend**uto**	ho fin**ito**
hai parlato	hai venduto	hai finito
ha parlato	ha venduto	ha finito
abbiamo parlato	abbiamo venduto	abbiamo finito
avete parlato	avete venduto	avete finito
hanno parlato	hanno venduto	hanno finito

A number of verbs are conjugated with *essere*, e.g. andare *to go*

sono and**ato/a**
sei andato/a
è andato/a
siamo and**ati/e**
siete andati/e
sono andati/e

ALL reflexive verbs take *essere*. e.g. divertirsi *to enjoy oneself*

mi sono divertito/a
ti sei divertito/a
si è divertito/a
ci siamo divertiti/e
vi siete divertiti/e
si sono divertiti/e

Some other verbs that take *essere*. Irregularly formed past participles are shown in brackets.

arrivare *to arrive*	partire *to leave, depart*	stare *to stay, to be*
cadere *to fall*	piacere (piaciuto) *to please*	succedere (successo) *to happen*
diventare *to become*	restare *to stay*	tornare *to return*
entrare *to go in, enter*	rimanere (rimasto) *to remain*	uscire *to go out*
essere (stato) *to be*	riuscire *to succeed, manage*	venire (venuto) *to come*
morire (morto) *to die*	salire *to go up*	
nascere (nato) *to be born*	scendere (sceso) *to go down*	

Note the irregular past participles (in brackets) of the following verbs:

accendere (acceso) *to switch on*	prendere (preso) *to take*
accogliere (accolto) *to welcome*	ridere (riso) *to laugh*
accorgersi (accorto) *to notice*	risolvere (risolto) *to solve*
aprire (aperto) *to open*	rispondere (risposto) *to answer*
bere (bevuto) *to drink*	rompere (rotto) *to break*
chiedere (chiesto) *to ask*	scendere (sceso) *to descend, go down*
chiudere (chiuso) *to close*	scegliere (scelto) *to choose*

conoscere (conosciuto) *to know*
decidere (deciso) *to decide*
dire (detto) *to say, tell*
fare (fatto) *to do, make*
leggere (letto) *to read*
mettere (messo) *to put*
nascondere (nascosto) *to hide*
offrire (offerto) *to offer*
perdere (perso) *to lose*
piangere (pianto) *to cry*

scoprire (scoperto) *to discover*
scrivere (scritto) *to write*
spegnere (spento) *to turn off*
spendere (speso) *to spend (money)*
spingere (spinto) *to push*
tradurre (tradotto) *to translate*
trascorrere (trascorso) *to spend (time)*
vedere (visto) *to see*
vivere (vissuto) *to live*
vincere (vinto) *to win*

The future

Regular verbs

parlare parl**erò** parl**erai** parl**erà** parl**eremo** parl**erete** parl**eranno**

scrivere scriv**erò** scriv**erai** scriv**erà** scriv**eremo** scriv**erete** scriv**eranno**

aprire apr**irò** apr**irai** apr**irà** apr**iremo** apr**irete** apr**iranno**

capire cap**irò** cap**irai** cap**irà** cap**iremo** cap**irete** cap**iranno**

Note the verbs in *–care* and *–gare*:

cercare   cer**cherò** cer**cherai** etc.

pagare   pa**gherò** pa**gherai** etc.

Note also verbs ending in *–ciare* and *–giare*:

cominciare   comin**cerò** comin**cerai** etc.

viaggiare   viag**gerò** viag**gerai** etc.

The following verbs retain the *a* of the infinitive ending:

dare   darò

fare   farò

stare   starò

Some verbs with shortened stems:

andare   andrò

avere   avrò

cadere	cadrò
dovere	dovrò
potere	potrò
sapere	saprò
vedere	vedrò
vivere	vivrò

Some verbs with stems ending in *–rr:*

bere	berrò
rimanere	rimarrò
tenere	terrò
venire	verrò
volere	vorrò

The conditional

The stem is formed in <u>exactly</u> the same way as the future.
The conditional endings are: *–ei, –esti, –ebbe, –emmo, –este, ebbero.*

The imperfect

To form the imperfect tense of most verbs remove the *–re* of the infinitive and add the following endings: *–vo, –vi, –va, –vamo, –vate, –vano*

For example:
parlare > parla**vo** parla**vi** parla**va** parla**vamo** parla**vate** parla**vano**
The <u>only</u> verb in this tense that has a completely irregular form is *essere*.

ero eri era eravamo eravate erano

Note also the following:

bere beve**vo** beve**vi** etc.

dire dice**vo** dice**vi** etc.

fare face**vo** face**vi** etc.

Chiavi

Unità 1 La famiglia, gli amici ed io

4 Dettagli mancanti. *Prima persona*: Antonella, Torino, 25 anni, 1m 65, 53 chili, occhi neri, porta le lenti a contatto, infermiera. *Seconda persona*: Forlì, 54 anni, circa 70 chili, sposato, capelli grigi, porta gli occhiali (ogni tanto), ex insegnante d'inglese in pensione

6 1 = F 2 = F 3 = D 4 = F 5 = F 6 = D

7 1. mi chiamo 2. sedici 3. nata 4. novembre
5. abbastanza 6. corti 7. ricci 8. occhi 9. magra
10. peso 11. animali 12. tre 13. si chiama 14. amica
15. intelligente/simpatica 16. simpatica/intelligente

10 1c 2e 3l 4a 5i 6b 7g 8f 9d 10h

Unità 2 L'ambiente geografico

2 1. bello 2. sole 3. caldo 4. tira vento 5. piove
6. umido 7. fresco 8. inverno 9. freddo 10. nebbia
11. nuvoloso 12. nevica 13. primavera 4. piove

4 1. pioviggina 2. c'è il sole 3. il mare è mosso 4. c'è la nebbia 5. il cielo è coperto 6. c'è un temporale 7. tira vento 8. piove a catinelle 9. è nuvoloso 10. nevica

5 1. Palermo 2. Torino; 23 3. Firenze e Cagliari 4. Napoli
5. nel nord

7 1. casa/zona 2. zona/casa 3. genitori 4. piccolo 5. costa
6. grande 7. comoda 8. quartiere 9. di fronte 10. parco 11. amici 12. tranquillo 13. turisti 14. rumoroso

10 a = 3 b = 1 d = 2

Unità 3 Gli studi ed il lavoro

2 a. R b. A c. R d. R e. A f. A

4 Ricerca di parole:

```
    A  R  T  E  I  T  A  L  I  A  N  O           E
    A  C  I  T  A  M  R  O  F  N  I           D  F
          L     I  N  G  U  E              U     R
    A  I  R  O  T  S                    C        A
    S     R     T  E  D  E  S  C  O  A              N
    C     U           B     Z                    C
       I  S        I     I  G  R  E  C  O  E
          E  S  O     O  F  I  S  I  C  A  S     E
          N  L  O  N
          O  Z  E           E  S  E  L  G  N  I
       G     F  E  G  E  O  G  R  A  F  I  A
    I     I        E  N  O  I  G  I  L  E  R
    A  S  S  P  A  G  N  O  L  O
    I  M  A  T  E  M  A  T  I  C  A
    C  C  H  I  M  I  C  A
    A  L  A  T  I  N  O              E  I  R  E  T  A  M
```
Extra word: MATERIE

7 a. Stefano ha 13 anni b. a Pescara c. la seconda media
d. Antonella e. in Texas f. la mamma g. perché può comunicare meglio

13 1. attrezzature 2. a colori 3. luminosa 4. collegamento
5. disegno 6. linguistico 7. dizionari 8. specializzati
9. da tennis 10. palloni 11. salto 12. cavallo 13. atletica

Il lavoro

18 a. da una parrucchiera b. due mesi fa/a settembre c. no, è interessante d. è molto divertente/simpatica e. vengono delle persone famose.

20 a. C b. S c. C d. C e. S f. C g. S+C h. S

Unità 4 Il cibo e la salute

1 Ricerca di parole

```
    S        A  S  O  S  S  A  G
    P        L  I  M  O  N  A  T  A
    U  C     O           T  B
    M  A     N        E     I
    A     F     I     L  R
    N        F     V  A     R
    T           E  T        A
    E           T
             E  A  U  Q  C  A
    C  I  O  C  C  O  L  A  T  A
```

2 a. verde b. giallo c. rosso d. bianco e. marrone
f. arancione

4 a. patate b. acqua minerale c. sardine d. banane e. vino
f. formaggio g. uova h. spaghetti i. prosciutto crudo
(Other combinations are possible)

5 a. Paola b. Sandro c. Antonio d. Caterina e. Sandro
f. Paola

8 a = 5 b = 4 c = 1 d = 3 e = 2

9 a. cotto/crudo b. dolce/amaro c. freddo/caldo
d. buona/cattiva

11 1. minestra 2. primo 3. pasta 4. secondo 5. contorno
6. pesce 7. spuntino

12 a. La polenta b. farina, patate e semolino c. pizza d. Pizza Margherita

13a

Maccheroni all'arrabbiata

Ingredienti: 350 gr di maccheroni 600 gr di pomodori 125 gr di pancetta 1 piccola cipolla
2 spicchi d'aglio 1 peperoncino piccante 3 cucchiaiate d'olio d'oliva
Delle foglie di basilico
5 cucchiaiate di parmigiano sale

13b d. c. e. b. a.

Banana flambé

6 banane 6 cucchiai di zucchero 1 bicchiere di rhum 30 gr di burro
Sbucciate le banane e fatele saltare in padella col burro.
Cospargetele con 4 cucchiai di zucchero.
Fate caramellare e innaffiatele col rhum tiepido in cui avete sciolto lo zucchero rimasto. Disponetele su di un piatto e servite subito dandole fuoco con un fiammifero

16 1 = g 2 = f 3 = d 4 = e 5 = c 6 = b 7 = a

La Salute

17 b. Non posso andare a scuola a piedi perché mi fa male il piede destro.
c. Non riesco a respirare perché mi fa male il naso.
d. Professore, non posso parlare oggi perché ho mal di gola.
e. Sono venuto a scuola in bicicletta ma sono caduto e mi sono rotto il braccio.

f. Ieri sono rimasta troppo tempo sulla spiaggia ed ho preso un colpo di sole.

g. Ho mal di denti. Devo andare dal dentista.

h. Sono scivolata mentre facevo la doccia e mi sono storta la caviglia.

i. Ieri sera stavo stirando una camicia e mi sono bruciato un dito.

18 a = 2 b = 7 c = 5 d = 1 e = 8 f = 3 g = 6 h = 4

19 a. F. Alberto è in vacanza da 2 giorni.

b. F. Alberto è andato dal medico ieri.

c. F. Il medico gli ha detto di rimanere a letto per un giorno.

d. F. Deve prendere una compressa a digiuno.

e. V f. V g. F. Si è rotta la gamba.

20 a. influenza b. giorni c. antibiotici . . . febbre d. meglio . . . debole e. letto . . . televisione.

23 a. Franca ha 22 anni b. Pratica diversi sport: sci, footing, ginnastica, surf, tennis e body-building c. circa 4 bicchieri d. Perché vuole dimagrire. e. Franca mangia troppa frutta / alle ore sbagliate.

24 a = C b = G c = M d = A e = L f = F g = M h = A i = L

Unità 5 I passatempi e il tempo libero

1 Sostantivi: la pesca, il disegno, il pattinaggio, lo sci, la pittura, il ballo, il nuoto

Verbi: sciare, pitturare, nuotare, pescare, ballare, disegnare, pattinare

2 a. nuotare b. leggere c. ballare d. sciare e. pescare f. pattinare g. disegnare

3 a. la cena b. il lago c. pulire d. fare i compiti e. la palla di neve f. suonare il campanello

6 1C 2C 3D 4A 5A/B 6D

8 1. affrontare 2. superato 3. impegnata 4. sto mettendo in secondo piano 5. andavo 6. i film gialli 7. odio 8. aspetto con ansia

10 1c 2d 3a 4b

12 1b 2c 3c 4c 5a

Unità 6 Le vacanze

1 a. Italia b. Inghilterra c. Francia d. Galles e. Olanda f. Spagna g. Svizzera h. Scozia

4 Cartolina 1: 2. la famiglia 3. bello, fa molto caldo 4. fa il bagno, gioca a pallavolo 5. guarda la televisione, va in discoteca. Cartolina 2: 1. Viareggio 2. la sua ragazza Elena 3. bellissimo, fa un caldo da morire 4. fanno tanti bagni, prendono il sole 5. vanno a mangiare in pizzeria o al ristorante Cartolina 3: 1. Pisa 2. Fiore/Elvina 3. fa un caldo torrido 4. visitano Piazza dei miracoli

5 attività: giocare a tennis, ascoltare la musica, pescare, prendere il sole, fare il windsurf, andare in spiaggia, guardare la televisione, fare una passeggiata, giocare a carte, fare un giro in barca, andare a teatro, fare il bagno

tempo: piove, fa freddo, tira vento, fa molto caldo

sistemazione: la pensione, l'albergo, da amici, l'ostello della gioventù, presso una famiglia, in un campeggio

mezzi di trasporto: in pullman, in aereo, in macchina, in nave, in bicicletta

9 1. Dodd 2. 7 notti 3. 2 camere 4. una camera matrimoniale, una camera a due letti 5. mezza pensione 6. primo 7. 8 luglio 8. una delle camere con balcone e vista sul mare

10 a. F b. S c. S d. N e. F f. F g. N h. F

13 1c 2g 3f 4a 5h 6b 7e 8d

15 a. è iniziata b. sto progettando c. avrei un immenso piacere d. trascorrerle e. abbondano f. frequento g. una cerchia h. in genere organizzano i. da sballo

Unità 7 Feste e Tradizioni

1 a. Franca vuole andare in spiaggia. b. Anna vuole sapere dove e quando ci incontriamo. c. perché va in campagna con degli amici.

4 a. BN b. B c G d. G e. B.

5 a. albero b. palline . . . luci c. Madonna d. pecorella e. cammelli f. Befana g. arrivi

7 11.00–16.00 sciava 20.00 cenava 10.00–03.00 andava in giro per le varie discoteche a Cortina

9 a. Sarah ha 18 anni. b. perché sta per arrivare Natale. c. in Italia d. potrebbero girare per la città e guardare i negozi. e. andare in discoteca oppure ad una festa. f. sono andate ad un pigiama-party.

10 a. una processione b. la solenne processione del Santissimo Sacramento c. un raduno in Piazza Garibaldi d. una processione dei vari ordini religiosi e. la rappresentazione della Passione di Cristo f. la processione per festeggiare la Resurrezione alla cattedrale.

14 a. Sono spesso sacchettini di tulle o pizzo. b. Sono bianchi e possibilmente di mandorla. c. cinquetre d. Le bomboniere vengono distribuite dall'interno di un cesto decorato, durante il ricevimento. e. Come forma di benvenuto.

16 a. la Festa del Lavoro. b. La festa dell'Assunzione. c. la Liberazione d'Italia nel 1945. d. al cimitero

20 a. a Siena. b. a luglio e ad agosto c. Le diciassette contrade. d. alle 15. e. Roberto, perché è favolosa. f. Lucia, perché crede che il massacro dei cavalli che succede ogni anno sia crudele.

22 1. internazionale 2. Migliaia 3. maschere 4. si trasforma 5. "discoteca" 6. martedì 7. fuochi d'artificio. 8. partecipare 9. riti 10. il celebre teatro 11. divertente

23 a. Il Codega. b. Grande Ballo di Carnevale c. Grande Sfilata di Gondole sul Canal Grande. d. Cioccolata a palazzo.

Unità 8 Il mondo intorno a noi

1 a 4 b 5 c 3 d 6 e 2 f 1

2 a. F Gli uomini hanno costruito le case b. V c. V d. F Inquinare significa rendere sporca l'aria che respiriamo e. V f. F L'agricoltura rovina l'ambiente g. V h. F La plastica non è biodegradabile i. F I giovani usano spesso i walkman

3 a. inquina b. usa c. causano d. i gas di scarico e. la plastica f. ascoltano g. la nostra salute.

6 a. per giocare b. per andare in bicicletta c. per le biciclette d. contro le macchine sui marciapiedi

7 1a 2e 3l 4h 5i 6b 7d 8c 9f 10g

8 1. pulite 2. maggio 3. ore 4. operazione 5. organizzata 6. volontari 7. Italia 8. possibile 9. mare 10. pattumiera

11 a. Marco b. Barbara c. Giulia d. Angela e. Elena f. Claudio e Silvia g. Manuela h. Francesco

18 a. È stata molto impegnata b. in Corsica/una settimana c. il traghetto d. nella borsa e. tutta la traversata/6 ore f. Sì, si è divertita; le vacanze sono state stupende; ha visto dei posti stupendi; il tempo era magnifico

19 a. V b. V(probabilmente!) c. V d. F qualcuno aveva sbagliato numero e. F era il postino f. V g. F ha buttato via tutto ed è andata in pasticceria a comprare delle tartine